妈妈告诉青春期女儿的那些事儿

车永静◎编著

中国华侨出版社
北京

图书在版编目（CIP）数据

妈妈告诉青春期女儿的那些事儿 / 车永静编著. —北京：中国华侨出版社，2018.5

ISBN 978-7-5113-7610-7

Ⅰ.①妈… Ⅱ.①车… Ⅲ.①女性—青春期—健康教育 Ⅳ.①G479

中国版本图书馆 CIP 数据核字（2018）第 044035 号

妈妈告诉青春期女儿的那些事儿

编　　著	/ 车永静
策划编辑	/ 周耿茜
责任编辑	/ 高文喆　杨　宁
责任校对	/ 王京燕
封面设计	/ 尚世视觉
经　　销	/ 新华书店
开　　本	/ 710 毫米 × 1000 毫米　1/16　印张 /13　字数 /160 千字
印　　刷	/ 三河市华润印刷有限公司
版　　次	/ 2018 年 5 月第 1 版　2018 年 5 月第 1 次印刷
书　　号	/ ISBN 978-7-5113-7610-7
定　　价	/ 35.00 元

中国华侨出版社　北京市朝阳区静安里 26 号通成达大厦 3 层　邮编：100028

法律顾问：陈鹰律师事务所

编辑部：（010）64443056　64443979

发行部：（010）64443051　传真：（010）64439708

网　　址：www.oveaschin.com

E-mail：oveaschin@sina.com

前言
Preface

一个小女孩,仿佛一株蓬勃生长起来的小树,究竟是从什么时候开始绽放出生命里那最初的绿意,顽强地鼓起生命里的小蓓蕾,腼腆又焦渴地吸吮着阳光和雨露,慌乱又惊喜地发现了自己形体和心理的变化呢!

当一个小女孩告别无忧无虑的童年,第一次穿上和妈妈一样的文胸时,在她的内心里会泛起一种柔柔的、贴身的战栗,她会因了那从未有过的束缚而紧张、兴奋、不安。女孩的月经初潮象征着一个真正女性生活的开始,女孩的生命从此发生奇迹般的变化,那种生命悸动的力量,是任凭什么也阻挡不住的。

女孩也有忧伤,高矮、胖瘦、美丑等;学业、爱情、友情等。女孩细腻的神经时时都处在敏感中,许多女孩的青春甚至就是与忧伤为伴的。但女孩别担心,因为忧伤是女孩走向成熟的必经之路,当你感觉孤独、茫然甚至无所适从时,殊不知,有一种爱始终都围绕在你的身旁,那是妈妈默默注视你的慈爱的目光,她理解你的烦恼,宽容你的任性，抚慰你的忧伤。因为你现在经历的一切都是妈妈当年经历过的。

这是一本母亲送给女儿的书，里面有千千万万妈妈的育女经验，里面包含了青春期女孩的身体和心理变化。

一本好书可以影响人的一生，也希望这本精心编辑的书可以帮助女孩从容应对生活中的各项困难，避免误区，少走弯路，进而走向健康和美好的人生。

第一章　了解正在悄悄变化的自己

1. 进入青春期就是大人了吗 / 002
2. 胸口处的"小豆豆"怎么变成了"小馒头" / 004
3. 胸部好疼啊，我是不是生病了 / 007
4. 左右两边乳房大小不一样，正常吗 / 009
5. 购买文胸的好方法 / 011
6. 学会正确清洗文胸 / 013
7. 乳房里为什么会有肿块 / 015
8. 乳头内陷了，怎么办 / 018
9. 我的乳房比别人大，看起来好尴尬 / 020
10. 私密处的毛毛 / 022
11. 为什么我会长白头发，我是老了吗 / 024
12. 上厕所时下面怎么流血了 / 027
13. 月经来时肚子好痛啊 / 029

14. 我明明没有长胖，为什么会变重这么多 / 031

15. 我好像不长个子了 / 034

第二章　爱美是女孩的天性，但如何改变是关键

1. 扎了耳洞好漂亮，我也想要扎 / 038

2. 姐姐的黄色头发很好看，为什么我不可以染 / 040

3. 我也想要穿漂亮的高跟鞋 / 042

4. 拒绝整容，自然才最美 / 044

5. 没有名牌，你也一样是妈妈的小公主 / 046

6. 减肥要科学，伤害身体不允许 / 049

7. 戴着眼镜的帅气最好不要 / 051

8. 露脐装、紧身裤要远离 / 053

9. 开心地和雀斑说拜拜 / 056

10. 你那五颜六色的指甲并不是真的美丽 / 058

11. 白皙透亮的肌肤胜过妖艳的妆容 / 061

第三章　情窦初开，正确处理自己的感情

1. 有人和我表白了，我该怎么办 / 066

2. 我好像喜欢上了我的老师 / 068

3. 我的表白被拒绝了，好伤心 / 071

4. 为什么我不像小时候那样喜欢和男生玩了 / 073

5. 男生都喜欢什么样的女孩 / 075

6. 怎样才能不再暗恋一个人 / 077

7. 我和他只是朋友，但同学却说我早恋 / 080

8. 早恋有什么危害 / 082

9. 异性交往，要学会彼此尊重 / 085

10. 网恋可以相信吗 / 087

11. 为什么那么多女孩喜欢追星 / 089

第四章 性并不神秘，妈妈来给你解答

1. 爸妈亲吻之后，就生下了我吗 / 094

2. 为什么精子会是小蝌蚪 / 096

3. 生男生女是谁决定的 / 098

4. 什么是处女 / 100

5. 青春期的性幻想是正常的吗 / 102

6. 避孕套是什么 / 104

7. 什么是人流，很痛吗 / 106

8. 为什么有人会生下双胞胎 / 109

9. 避孕对身体有什么危害 / 111

10. 性别相同，真的不能相互依恋吗 / 114

11. 怎样才能尽可能远离强奸 / 116

12. 被性骚扰了怎么办 / 118

13. 关于艾滋病，你一定要了解 / 121

第五章 摆脱成长的烦恼，做阳光女孩

1. 别让忧郁症缠上你 / 126

2. 要学会排解坏心情 / 129

3. 积极治疗失眠 / 131

4. 不要让嫉妒占据你的心 / 134

5. 自卑不可怕,你要学会战胜它 / 136

6. 别太在意别人的看法,记住你是最棒的 / 138

7. 走出青春的叛逆期 / 140

8. 我好讨厌上学,可以不去吗 / 143

9. 没人理解我,我好孤单 / 146

10. 和好朋友吵架了,心里很难受 / 148

第六章　远离危险,学会保护自己的身体

1. 为什么要经常清洗下身 / 152

2. 驼背还能变回去吗 / 154

3. 月经期的体育课怎么办 / 157

4. 离家出走要不得 / 159

5. 未成年人不能饮用含酒精的饮料 / 162

第七章　找到方法,让自己爱上学习

1. 学习不是为了父母,而是为了你自己 / 166

2. 逃学的孩子不被人喜欢 / 168

3. 即使不会,也不能作弊 / 171

4. 学会合理安排自己的时间 / 173

5. 明明背会了,一见到老师就紧张忘记了 / 176

6. 你很棒,别气馁 / 178

8. 从哪里跌倒就从哪里爬起来 / 180

9. 哭泣不能解决问题 / 182

第八章　好女孩要学会抵制诱惑

1. 珍惜生命，远离毒品／186

2. 游戏很好玩，但要适度／188

3. 小说很精彩，上课也忍不住想要看怎么办／190

4. 拒绝黄色诱惑／193

第一章
了解正在悄悄变化的自己

1.
进入青春期就是大人了吗

女儿的烦恼：

上初二的小婉，性格发生明显变化。以前在家跟父母叽叽喳喳、畅所欲言，有着说不完的话。现在在家变得沉闷了，有什么事情都会写在日记里，或者跟闺蜜聊。还变得爱顶撞家长，对父母唠唠叨叨的指教尤其反感，她说自己是大人啦，与家人的地位是平等的，知道什么事情该做、什么事情不该做。

两个月前，她家所住小区召开业主会议，给社区管委会提建议，她兴致勃勃代表家人去了，临去前妈妈特地准备了发言稿，她有些不屑的揣进衣兜里，到了会场大家纷纷发言，她却不知道说什么好，后来把妈妈的发言稿拿出来读，面对大家赞许的目光，小婉心情十分复杂。半个月前，她家的宠物狗拉拉突然病了，妈妈上班忙，小婉说她抱着拉拉去宠物医院吧，可是到了医院她就手足无措了，后来在妈妈的电话指点下，才一一办妥。

那天回到家里，妈妈直夸小婉聪明能干，小婉却沮丧地说："妈妈，进入青春期后，我是不是就是大人了，可我什么事情也办不好，我是不是没有生活能力呀。"说着说着就哭了。

妈妈说："这是青春期发展的正常现象呀，因为青春期是由儿童向成人过渡的阶段，在这个阶段，随着身体发育的成熟，会使你产生了成人感，觉得自己长大了，与大人是平等的，可是，你的心理发育还处于半成熟状态，所以在面对现实时，有时就会觉得茫然困惑，甚至手足无措。"

"噢，我知道了，当我心理也成熟的时候，我才能真正地长大。"小婉快乐地说道。

妈妈对女儿说的悄悄话：

女儿，当你走进青春期时，一定会有一种长大的感觉，长大的感觉真好呀，此时的你们，许多事情都喜欢自己做主，渴望学校社会家长给予你们成人式的信任和尊重。看着我的女儿日益成长，妈妈非常欣慰，因为你不再像婴孩那样需要妈妈时时呵护，也不再像孩童时那样需要妈妈牵着你们的手走路了，青春期的你们，正在向成年人过渡，在一步步地走向独立，走向成熟。

但青春期毕竟是由儿童向成年人的过渡阶段，这个阶段的你们，处于生理上的快速成熟和心理发育半成熟状态，生理上的快速成熟使你们有了成人的感觉，觉得自己已经长大了，但你们的心理还没有成熟，你们的认知能力、思维方式还没有成熟，社会经验也不足。

因此当你们面对一些复杂事物时，会有矛盾和困惑，甚至无所适从。当你们在生活中遇到困惑和困难时，要主动和妈妈交流与沟通，妈妈一定会责无旁贷地帮助你们，否则当你们失败或遇挫时就会有强烈的挫败感。随着生活的磨炼，你会一点点进步，渐渐地就会像成年人一样，变得独立、自信、成熟。

青春期属于青少年的心理断乳期，进入青春期后，你们的内心世界更加丰富了，愿意自己独立思考问题，喜欢保留自己的小秘密，不愿吐露内心，不轻易把内心活动表现出来，但同时又渴望得到交流与理解，你们更愿意把自己的心里话讲给朋友听，而不是父母，因而在这个阶段的青少年，结交有益的朋友是很重要的。结交朋友，会让你们在团体活动中体验到自我的价值，增加自信。俗话说，"近朱者赤，近墨者黑"，因此注意结交良友非常重要。

青春期是个成长的时期，是通向成年人的桥梁，你们在品味"成长的欢欣"的同时，也会有"成长的烦恼"，而这些都是你们健康成长中不可缺少的养料，亲爱的小女孩们，一定要珍惜呀！

2.

胸口处的"小豆豆"怎么变成了"小馒头"

女儿的烦恼：

15岁的梦红是个初三的女孩，从11岁开始，就发觉自己胸前的"小豆豆"好像变大了，胸部常常有发胀的感觉，然后胸部在一直变大，好像两个"小馒头"在眼前晃动着，这让梦红常常感到难为情。因此每次出门她都刻意的含胸驼背，甚至用紧身衣束缚着胸部，好让胸部变得扁平。

那个周末，梦红和妈妈一起做家务，想起自己的心事，就困惑地问妈妈，最近我胸前的"小豆豆"好像变大了，胸部常常觉得发胀，然后感觉胸脯长得像两个"小馒头"，这是怎么回事啊？

妈妈听后就笑了，妈妈说，我的宝贝女儿，这是因为你的乳房开始发育了，随着乳房的渐渐发育，然后你就会变成大姑娘了，慢慢地，你的乳房就会变成像妈妈的那么大了。

妈妈的话，让梦红有些不好意思，她问妈妈："那乳房是怎么从'小豆豆'变成像妈妈的那么大的呢？"

妈妈说："青春期是青少年身心发展的过程，胸部是女性的第二性征之一，它当然也会有它自然发育的历程了。"

妈妈对女儿说的悄悄话：

女儿，女孩子到了青春期，乳房就开始发育，乳房发育是女孩进入青春期的第一个信号，这是由体内分泌的激素所引起的。激素也叫"荷尔蒙"，它是人体内分泌细胞合成并直接进入血液的化学信息物质，影响人体的新陈代谢，促使组织、器官生长发育。

通常女性乳房发育分为五个过程：

第一阶段是指女孩从1岁至9岁这个阶段，乳房未开始发育。女孩胸部和男孩一样，都是平平的。

第二个阶段是女孩10岁至11岁，这时乳头和乳晕隆起，乳头开始变大，构成乳房的乳腺及其周围的脂肪组织在乳头及其周围的乳晕形成一个纽扣样的小鼓包，这就是所谓的乳蕾期，大多数女孩，乳房会有胀痛感，这种不舒服的感受在乳房发育成熟后会自然消失。

第三阶段是从12岁至13岁，乳房和乳晕进一步增大，乳房开始慢慢变圆，呈现出一个明显增大的圆形轮廓。

第四阶段是从14岁至15岁，随着乳晕和乳头继续增大，在乳房其他部分的圆形轮廓之上会形成第二个丘形隆起，乳头和乳晕也开始向前突出，像一个小球一样。

第五阶段就是青春期发育的后期了，是 16 岁至 18 岁这个阶段，乳头和乳晕形成的小球与乳房融为一体，乳房变得丰满圆润，这时候你们的乳房就像大人一样了。

青春期是女孩身心成长发育的时期，也是女性乳房发育的最佳时机，在这一时期如果你们采取一些措施，不但会使你的乳房发育良好，还会为你拥有美好的身材打下基础。

想要让胸部发育得更好一些，你在平时就一定要注意，在坐立行走的时候要保持昂首挺胸的姿势。不能刻意含胸驼背，甚至穿紧身衣束缚胸部，这样久了会形成少年驼背，还会影响乳房的正常发育。时间长了，这种姿势还会压迫胸部组织，会影响到胸部的健康。

想要让胸部发育得更好一些，还要按照正确方法穿着内衣，防止乳房变形。在青春期乳房开始发育时，不要过早地戴乳罩，待乳房充分发育后可佩戴乳罩，佩戴乳罩松紧度要适当，不要因为害羞而过紧地束胸。平时要多做有氧运动，比如跑步、推哑铃等，如果想要锻炼胸部的肌肉还可以多做一些扩胸运动，多做一些俯卧撑等，运动可以让胸大肌更加发达，能够让胸部看起来更加挺拔丰满。也可以做一些胸部按摩，这样可以促进胸部的血液流动，以起到丰胸的效果。

平时应该注意，弯腰久了，要经常直直腰，累了时靠墙站立几分钟，不然会增加腰椎的负担，进而影响到胸肌的发育。很多女孩喜欢将双手怀抱于胸前，这种姿态会加重胸部负担，应该将手自然垂放于腿两侧。坐久了要常伸伸懒腰，这样有助于改善胸形。还要注意应尽量少趴着睡觉，最好采取仰卧或微向右倾的姿势，不然会严重压迫胸部，使乳房下垂、凹陷。

青春期是女孩身体发育期,这个时期需要补充充足的营养,特别是乳房的发育需要充足的蛋白质和脂肪,所以你平时一定要注意多吃一些含有丰富蛋白质和脂肪的食物,比如各种粗粮、鸡蛋、牛肉、牛奶之类的食物。

3.
胸部好疼啊,我是不是生病了

女儿的烦恼:

12岁的女孩小霜近来有了的苦恼,因为她发现自己的乳房在一天天地隆起来,乳晕处形成一个纽扣样的小鼓包,常常觉得胸部发胀,上体育课时被球撞一下,或与伙伴们一起玩耍时不小心碰一下,竟会疼得叫出声来。她怀疑,自己是不是得了乳腺病。

小霜为这事很惆怅,就跟闺蜜小悠讲,小悠说:"我的乳头里面有一个硬硬的东西,总是隐隐地疼,如果不小心让别人撞了一下也会疼得要命,我怀疑里面是不是长瘤子了。"

小霜就说:"咱们俩怎么都得了同样的病,咱们该不会是得了什么'地方病'吧。我听说有种病叫克山病,发病原因好像是当地的水土中缺硒造成的。咱们俩都是同一学校的学生,都喝这儿的水,会不会也是得了'地方病'。"

小悠听了小霜的话,有些害怕地说:"那咱们俩怎么办呀?"

小霜决定去问妈妈。那天中午放学回到家里,小霜就对妈妈说出了她和小悠的疑虑,妈妈听了女儿话后就笑了,妈妈说:"这不是乳腺病，也不是什么地方病，而是所有处在青春发育期的女孩子都会遇到的情况，这是青春期乳房发育初期引起的乳房胀痛。"

听了妈妈的讲解，小霜放心了，她说："原来我们这是青春期乳房发育初期的现象呀。"她立刻拿起电话，把这个好消息告诉闺蜜小悠。两人在电话里都笑了，小霜觉得心里轻松多了。

妈妈对女儿说的悄悄话：

女性的乳房是身体的重要器官，每个女性，都希望拥有美丽而健康的乳房。

虽然人们习惯于把月经初潮作为女孩子进入青春期的重要标志，然而，女孩最先发育，也是最早出现的第二性征是乳房，乳房开始发育是在8~12岁。青春期后在体内雌激素的影响下，女孩乳腺开始发育，这时候乳房内除了许多细长的乳腺管不断发育外，还积累了不少脂肪。

女孩的乳房发育有很大的个体差异，有的女孩在8~9岁乳房就开始发育了，而有的女孩要到16岁或更大点乳房才开始发育。乳房刚刚开始发育时，构成乳房的乳腺及其周围的脂肪组织在乳头及其周围的乳晕形成一个纽扣样的小鼓包，使乳头和乳晕隆起，乳头开始变大，这就是所谓的乳蕾期。

你和闺蜜的乳房胀痛，就是处于这一发育期，大多数处在乳蕾期的女孩，乳房会有胀痛感，女孩不必为此忧虑，在日常生活和活动中尽量避免碰撞自己的前胸，注意饮食清淡，保证充足睡眠，这种不舒服的感受在乳房发育成熟后会自然消失。

有些女孩在月经来潮前1周左右也会发生乳房胀痛，运动时情况明显加重。这是因为处在青春期的女孩，在体内雌激素、脑垂体激素的作用下出现乳腺增生，乳腺细胞增大、水肿而导致的。等到雌激素水平下降，疼痛会逐渐消失，下次月经来潮又会出现。这都是正常现象，女儿你不必为此担忧。

作为青春发育期的女孩，在身体成长和发育过程中，会有许多成长的喜悦和烦恼，你可以系统地学习和了解一些乳房发育和保健的知识，这样才能在乳房发育过程中，在保护好自己身体的同时，做好生理和心理的调适。

4.

左右两边乳房大小不一样，正常吗

女儿的烦恼：

小荷在一次换内衣时无意发现，自己的两只乳房长得不一样，右侧乳房像个小馒头样耸立在胸前，左侧乳房似乎才刚刚隆起，小荷感到很困惑，为何自己的乳房会左右不对称？

那以后小荷就注意观察女人的乳房，她发现女人的乳房几乎都对称，可是自己的乳房为什么差别这么大呢？会不会是右侧乳房长瘤子了，这个念头一出现，小荷就觉得这种可能性很大。

"我的乳房长瘤子了，我活不多久了！"一想到这一点，小荷就悲伤得想哭。一想到她可能要离开亲爱的爸爸妈妈，她的眼泪就流下来了。那几天她一直为此事忧愁着，夜里辗转难眠，她想向大人咨询，又觉得难以开口。有一天晚上妈妈发觉女儿坐在客厅的沙发上呆呆地出神。妈妈问："小荷是不是有什么心事呀，为什么不睡觉呢？"

小荷一见妈妈就哭了，"妈妈，我可能活不长了，我换内衣时发觉两侧乳房发育不一样，一大一小，我的乳房里会不会是长瘤子了？"

妈妈心疼地用手抹去女儿脸上的泪水，说："噢，你是为这纠结呀。你不必为这事担心，那是由于体内雌激素的敏感程度不同而引起的，是青春期女孩乳房发育的一种暂时现象。"

妈妈对女儿说的悄悄话：

女儿，在乳房发育过程中，在检查身体时，当你发现左右乳房大小不等或位置不对称时不必焦虑，其实乳房一大一小真的很正常，几乎不会有人两侧乳房都一致，而影响乳房大小的原因有很多：

如有的女孩还在胚胎发育时，如果一侧乳房发育异常，在青春期乳房发育时，两侧乳房发育就会明显不对称；还有些人习惯于偏向一侧俯睡，也会导致乳房发育不对称；我们都知道按摩能够让乳房增大，但按摩手法如果不正确的话，也会导致胸部一大一小；不合身的乳罩会导致两边乳房发育不一样大；乳房大小还跟运动有关系，如果长期运动一侧上肢或胸肌，就会造成这一侧乳房发育较快。

对于青春期女孩，通常是对雌激素、孕激素敏感的一侧乳牙先发育，乳房会生长得较快而显得较大，而敏感性较差的一侧乳牙则因发育迟缓，乳房就会生长较慢而显得较小了，不过，你不必为此担忧，因为这是暂时情况，随着身体发育成熟，两侧乳房发育会逐渐趋向对称的。

因此，不要为乳房一大一小而忧虑。少女要到身体发育定型，性完全成熟才能确定乳房是否发育不良，成熟后的两乳房若确实因有差异有碍美观,到时候时可以通过加强胸肌的锻炼加以矫正,也可以通过按摩来矫正。

若两侧乳房一大一小异常悬殊,采用上述自我矫正法无效时,还可以考虑乳房不对称手术矫正。

5.
购买文胸的好方法

女儿的烦恼:

15岁女孩雯雯是高一的学生,最近一段时间,觉得自己胸部渐渐丰盈变大,平时一参加运动,乳房就会随之颤动,自己感到很不舒服。那天在学校上体育课时,因为胸部剧烈起伏,她不敢跑快,结果800米跑测试不合格。当时雯雯就委屈地哭了。体育老师还强调,体育课不合格的同学,课后要加强联系,下周体育课重新测试。

那天午后放学回家,雯雯的脸上还有泪痕。妈妈见状,有些不安地问:"是什么事惹得我们的雯雯伤心了?"

"我体育测试不合格。"雯雯气鼓鼓地说了今天体育课的情况。

妈妈一听就轻松地说:"我的雯雯长大了,该佩戴文胸了。"

"佩戴文胸?文胸有什么用啊?"雯雯好奇地问道。

妈妈说:"文胸也叫胸罩,是保护女性乳房的用品,对乳房起到一定的支撑和托扶作用,能避免乳房受到撞击、挤压,减轻乳房在运动和奔跑时的摆动,有利于乳房发育,还能促进乳房内脂肪堆积,防止乳房下垂,进而使乳房更丰满。女孩儿胸部发育到一定程度后就必须要穿文胸。"

雯雯一听就高兴起来:"有了文胸我体育课肯定能达标了,可是怎么购买文胸呀,有什么方法吗?"

妈妈说:"走,咱们现在就去商场买文胸。"

妈妈对女儿说的悄悄话:

亲爱的女儿,进入青春期后,随着乳房的渐渐发育长大,通常女孩儿乳房上部经乳头到乳房下底部的距离,如果大于16厘米,就可以戴文胸了。

文胸有好多种类,但妈妈这种成年人的定型性的文胸,不适合处于发育阶段的你们穿,女孩子应选择少女型文胸或运动型文胸,少女型文胸因增加了一个突起的围,有可伸展的弧度空间,适合青春期乳房发育的需要,少女运动型文胸对乳房压迫较小,适合女孩体育运动或发育期间穿。

选择胸罩还需要知道自己的三围数字。你拿皮尺量一下就可以知道自己的三围数字,胸上围是用皮尺由身体背部水平绕过连接乳头的尺寸,胸下围则是身体背部水平连接乳房下缘的尺寸。在选购胸罩时,胸下围是主要的依据,用胸上围尺寸减去胸下围尺寸,就可得到适合穿着的罩杯类型。一般来说,胸上围减胸下围尺寸在12厘米以下者适穿A罩杯;13,14厘米为B罩杯,15,16,17厘米为C罩杯,18,19厘米则为D罩杯。像你现在的胸下围是70厘米,胸上围是85厘米,就应该穿70厘米、C罩杯的胸罩。

在商场买文胸时还需要试穿,看文胸是否适合自己。试穿时要注意,文胸穿着不能过松,过松、过大都起不到束缚乳房的作用,穿起胸罩时会感觉胸罩经常移位,不但自身会感觉不舒服,也会擦伤乳房皮肤和乳头;文胸穿着也不能过紧,过紧的文胸会压迫你的乳房,影响乳腺发育,还会造成乳头凹陷等乳房疾病,如果你将来做了母亲,有了小宝宝,这会给你今后喂宝宝母乳带来困难。

至于文胸面料方面,对于青春期女孩儿来说,最好选择质地柔软、透气性、吸湿性好的棉质制品。其他合成纤维的面料,例如锦纶、涤纶等,它的吸湿性没有纯棉的好,甚至会引起皮肤过敏。选内衣的颜色主要就是看你个人的爱好啦,因为有些染料是有害的,一般深色的内衣使用的染料多一些,危害就多一些,所以,你应该尽量选择颜色浅些或者纯色的内衣。

当你穿上文胸,一定会有一种长大成人的感觉,文胸是我们女性的亲密伙伴,佩戴文胸不仅能体现女性特有的曲线美,而且对人体健康有好处。但文胸挑选不当的话,也会影响人体健康的。在穿上文胸后还要注意,佩戴胸罩时间不宜过长,晚上睡觉时最好要把文胸取下来,以保证睡眠时呼吸顺畅、血液流通。

6.
学会正确清洗文胸

女儿的烦恼:

小怡生长在一个干净整洁的家庭里,她妈妈是市立某大医院的护士长,她们家总是收拾得井井有条,颇得邻居称赞,她家有个良好的习惯,就是每周末都一起打扫卫生。

那个周末，小怡照例收拾好自己的房间，然后把换洗的褥单和衣服收拾在一起，送到洗衣机里。当她拿起自己才换下来的文胸时，有些犹豫，因为这文胸是上周才开始佩戴的，看起来还不算脏，也许等下次再清洗也行吧。

在洗衣机旁忙碌的妈妈看出了小怡的犹豫，妈妈说，文胸是最为接近乳房的衣物了，女孩平时都要勤洗勤换文胸，因为如果胸罩上有污垢不单意味着衣物不干净，更会影响胸罩面料的透气性能，还会影响乳房健康。

小怡听后立刻问妈妈："那文胸应该怎么清洗，和其他衣服一起放进洗衣机里清洗行吗？"

妈妈说，文胸是女孩最贴身的衣物，所以洗文胸也有特殊的方法。

妈妈对女儿说的悄悄话：

女孩子发育到一定程度，都需要佩戴文胸，文胸是最为接近乳房的物品，因此一定要注意胸罩清洁，有污垢不但会影响胸罩面料的透气性能，污垢还易滋生细菌。乳头是很多腺叶乳管的开口处，乳晕也是很多乳管的开口，乳房的皮肤又很娇嫩，很容易被细菌侵入、伤着。因此你平时穿文胸时要勤洗勤换，这样可以保持文胸的干净和卫生，也可多备用几件交替穿用，这样每件文胸还可延长使用时间。

洗文胸时你要注意，不要与外衣一起洗涤，因为如果和外衣混在一起洗涤，文胸就很容易被染上细菌。你在洗文胸时最好用温水和中性洗涤剂，也可用冷水或比体温略低的温水洗涤，记住不能使用热水。洗衣时应先将洗涤剂完全溶于 30℃～40℃ 的温水中，完全溶解后，才可放入文胸，洗涤剂不要直接沾在文胸上，不然会导致文胸颜色不均匀的。还有千万不要使用漂白剂，因为含氯的漂白剂会损坏文胸质料甚至会使文胸颜色变黄的，洗文胸时要用手轻轻地搓洗，特别脏的地方不要用小刷子刷，而要利用内衣自身的质料互相摩擦，就可以完全去除污渍了，洗时注意文胸不能过分挤压，不然弄皱了的文胸也就变得不漂亮了。

如果文胸的标签上没有注明必须手洗，也可以用洗衣机洗，机洗要按照标签的指示，将文胸放入洗衣网内清洗，数量以洗衣网的一半容量为限，同时，一定要注意用洗衣机洗涤文胸时间不可过长，三分钟就足够了。

洗文胸也有窍门，文胸沾有汗渍，可用米汤水浸泡，稍微搓洗后用水冲净就行了。如果不小心洒上酒，可以用冷水浸泡后，再用温肥皂水洗净。洒上果汁，可以将面粉撒于污渍上，揉搓后，用清水冲洗干净。若化妆时不小心将文胸染上口红或粉底，可用酒精或挥发性溶剂去除，再用温度适中的洗涤剂稀液清洗就可以了。

注意文胸洗好以后不能用手拧干，只可用干毛巾包裹，用手挤压，让毛巾吸干水分后，将内衣拉平至原状，放在阴凉通风的地方晾干。

7.
乳房里为什么会有肿块

女儿的烦恼：

16岁的小芹今天一进家门就哭了，她跟妈妈说她同桌的乳房里发现肿块了，肯定活不了多久。妈妈听后吓了一跳，赶紧细问详情。

小芹说："最近一段时间，同桌就说来月经时，动不动就觉得乳房有疼痛感，前几天去浴池洗澡，发觉乳房里有了肿块，今天她妈妈陪她去医院看了，医生说是她患有乳腺增生，妈妈，乳腺增生是不是癌症呀？"小芹说着说着眼泪就哗哗地顺着面颊淌下来了。

妈妈说："乳房肿块是乳房最常见的疾病，乳房肿块既有良性也有恶性。除了乳腺癌为恶性外，乳腺纤维腺瘤、乳腺增生、乳腺积乳囊肿、乳腺脂肪坏死等产生的肿块都属于良性的。"

"因此乳腺增生不是癌症，乳腺增生是女性最常见的良性疾病，乳腺增生可以采用中药、西药治愈，也可以手术治疗。"

小芹忍不住笑了，她想了想后好奇地问："妈妈，乳房里为什么会有肿块，能想办法让乳房不长肿块吗？"

妈妈说："那咱们就要在生活中多加注意，预防乳房肿块的发生了。"

妈妈对女儿说的悄悄话：

乳房是女性的重要器官，是女性美的重要标志，但也是女性最脆弱部位之一。因此在生活中你一定要注重保护乳房，否则很可能出现一些乳房疾病——比如乳房肿块。

乳房有肿块是由多种原因引起的：

当人体内分泌失调时，身体内黄体素分泌减少，雌激素相对增多是乳腺增生发病的重要原因，如月经周期紊乱、卵巢发育不健全以及甲状腺疾病等都容易引起乳房肿块这种疾病。长期处于精神紧张、情绪激动等不良情绪下也容易引发乳腺增生。经常熬夜、睡眠不足等不良因素也会造成或加重乳腺增生症状。

还有一些不良习惯的影响，如有的女孩佩戴过紧的胸罩或穿过紧的内衣，这些不良习惯都会诱发乳腺疾病。长期过量摄入雌激素也会导致乳腺疾病的发生，比如现在一些快餐食品、人工饲养的水产及家禽，都要少吃，因为人工饲养的水产品及家禽使用的饲料中多含有激素。

要想预防乳房肿块产生，要在生活中多加注意：

首先，要保持好心情：若心情好了，卵巢的正常排卵就不会被坏情绪阻挠，孕激素分泌良好，乳腺就不会因受到雌激素的单方面刺激而出现病变。还要注意生活要有规律、劳逸结合，保持规律的睡眠很重要，睡眠不仅有利于平衡内分泌，还会给体内各种激素提供健康良好的环境，进而会降低乳房病变的发生概率。

其次，平时要注意多吃全麦食品、豆类和蔬菜，遵循"低脂高纤"的饮食原则，低脂肪的食物有我们常见的一些豆制品，还有土豆、山药、胡萝卜、油菜、黄瓜、茄子、海带、蘑菇、粉丝、青菜等。传统富含纤维的食物有麦麸、玉米、糙米、大豆、燕麦、荞麦、茭白、芹菜、苦瓜、水果等。同时，为避免雌激素过多，还应该控制动物蛋白摄入，以免造成乳腺病变。

最后，及时补充维生素以及矿物质也很重要，因为人体如果缺乏B族维生素、维生素C或钙、镁等矿物质，前列腺素E的合成就会受到影响，乳腺就易在其他激素的过度刺激下出现病变。

乳房肿块是一种常见疾病，当女孩发现自身有乳房肿块时，不必惊慌，最好是去医院做一些检查，以便做出明确治疗。

8. 乳头内陷了,怎么办

女儿的烦恼:

15岁女生小萍是个拘谨内向的女孩,妈妈因为在外地经商,周末才能回来与家人团聚,进入青春期后,妈妈曾告诫她不要束胸,她置若罔闻。当胸部因发育渐渐隆起时,她就用紧身衣将胸部紧紧地束缚起来。

暑假时,小萍参加了学校组织的夏令营活动,在海边游泳换衣服时,小萍发觉自己的乳头与其他女同学的不同,她的双乳乳头全部低于乳晕平面,而其他女同学的乳头是凸出乳晕平面的,她用衣服挡住胸部慌乱地换了衣服,出来后脑海里始终有个念头,自己是不是有乳腺病了,乳房为什么与大家的不一样呢?

那以后小萍一直在焦虑中,她不知道这样的事情该去问谁,为此不知如何是好,那个周末,当妈妈回来时,小萍跟妈妈说了自己的心事。

妈妈说:"青春期女孩乳头内陷主要是因为有的女孩到了青春期,对乳房的发育感到害羞,穿紧身内衣,或过早地佩戴尺码过小的乳罩所致,正在发育的乳房因受到挤压会变得扁平,乳房因受压也会引起血液循环不畅,导致乳房营养供应不足,影响乳腺的正常发育,久而久之,就会使乳房变小、不对称,乳头内缩,生长变形,等等。"

"束胸危害这么大呀,那怎么办呢?"小萍这才知道不听妈妈话的危害。

妈妈对女儿说的悄悄话:

随着青春期的发育,你像有些青春期女孩儿一样,面对乳房的发育,常常感到难为情。乳房保护不当,就会引起乳房疾病,乳头内陷就是一种。

乳头内陷,是指乳头不凸出乳晕平面,甚至凹陷乳晕之下,乳头凹陷在婚前的女孩子中并不罕见。乳头内陷可分为先天性和后天性两种。先天性的属乳头发育畸形,后天性多因青春发育期穿紧身衣、戴乳罩过早或过紧,导致乳头因为紧缩、受压,得不到发育,甚至引起萎缩,形成乳头内陷。

乳头内陷危害很多,不但会影响乳房美观,而且会引起局部难于清洗,易导致细菌藏匿,引起局部感染,炎症还可以向乳腺内扩散而引起乳腺炎、乳头糜烂等慢性炎症,乳头严重内陷者,会对以后生育哺乳有影响,可能导致乳汁排出通道不畅,引起急性乳腺炎、乳房脓肿等问题。

青春期是女孩乳房发育的重要时期,也是纠正乳头内陷的重要时期,一般说来,原发性较轻的乳头内陷,可以保守治疗,采用牵拉法或乳头矫正器,乳头内陷较重的可采取手术治疗。

牵拉法矫正的方法是:每天用温水洗涤乳房两次,然后轻轻地往外牵拉内陷的乳头,也可以在洗澡擦乳头时把它轻轻地向外提拉,反复提拉,就可以使乳头外凸了。如果拉不出,每天可用两手拇指放在乳头两侧,用力来回推动按摩,此外还可以用乳头矫正器治疗乳头平坦或凹陷。

乳房是女性的重要器官，作为青春期女孩，平日一定要爱护和保护自己的乳房，贴身内衣应为棉织物，要经常换洗或进行蒸煮消毒。内衣不可过紧，乳罩不可过早佩戴，对于睡觉或休息有俯卧习惯的女孩，要及时纠正，防止乳头遭受挤压，以免引起和加重乳头内陷的程度。

还要注意少饮酒、少吃重口味的食物，要注重营养的摄入，注意饮食健康和运动，养成良好的生活习惯，这样能够对乳头内陷起到较好的预防作用。

9.
我的乳房比别人大，看起来好尴尬

女儿的烦恼：

上小学四年级的小薇近来遇到烦恼事了，她才12岁，但是她的乳房似乎发育过大了，她细心看过，同班女同学的胸部似乎才刚刚隆起，而她的乳房却像小馒头一样耸立在胸前，小薇为此有些难为情。

因为胸大，在校园中她被同龄人当作另类看待，好几次从操场走过，都听到男同学对她窃窃私语，说她是全年级的"胸霸"。她还听人说，乳房大的女孩不正经，这就更加重她的心理负担了。有一次，她去校阅览室读杂志，那个图书馆里员还问她："你走错地方了吧，我们这是小学生阅览场所，中学生阅览室在楼上。"那一刻，小薇觉得非常尴尬。

小薇因此非常难过，那天回到家，跟妈妈说要开始穿紧身衣，好让自己的胸部变得平坦一些。妈妈说："女孩束胸不利于身体健康，你想，你用紧身衣服将身体紧紧包裹住了，你胸部的血液就会循环不畅，就会导致乳房的下部血液淤滞而引起胀痛，还会导致乳头内陷，造成乳房的发育不良。束胸还会使胸廓不能正常发育，也影响心脏、肺的发育，使心脏血液输出量和肺活量都减少，而血与氧气不足还会进一步影响全身发育。"

"我也不想束胸，可是，我们班其他女孩胸部平平的，只有我，胸部发育得这么大，在校园里十分引人注目，我们班男生说我是全年级的'胸霸'。"小薇惆怅得几乎落泪了。

妈妈说："你是为这事烦恼呀，胸部大是一种正常现象，你不必为此烦恼，等到所有的女孩子都发育成熟时，你就会和她们一样了。"

妈妈对女儿说的悄悄话：

在青春发育期，女孩的乳房发育有早有晚，如果你的乳房发育比同龄人要早些，看起来乳房与同龄人不同，你不要为此忧心忡忡，更不要人为地阻止它的发育成长，因为青春期女孩乳房的发育，显示了女性的自然美，是身体健康的标志之一。

女孩进入青春期后，乳房就开始发育，直到发育成熟。乳房发育的大小是受遗传、种族、营养、体育锻炼、气候等多方面因素影响的，有些女孩较胖，乳房显得更丰满些，但乳房大对身体并无任何不良影响，乳房发育的大小与其品德毫无关系，乳房大并不能反映一个人的思想品德和意识。

青春期女孩的乳房发育较早，与她们的乳腺组织对雌激素比较敏感有关。如果两乳对雌激素的敏感性不同，乳房的发育还可出现不对称现象，等到所有的女孩子都发育成熟时，就会与大家一样了。

因此在乳房发育期，一定要学会保护自己的乳房，不要人为地伤害它，不要限定它的发育，更不要有什么心理负担。乳房是女性重要的特征，是女性哺育后代的重要工具。随着年龄的增长，你就会知道，拥有一对挺拔健康的乳房是非常幸福的。

10.

私密处的毛毛

女儿的烦恼：

15岁的小萌，最近为身体下部逐渐增多的阴毛而烦恼，她的阴毛出现在两年前，那时的阴毛长得柔软且轻微卷曲，稀稀疏疏地分布在阴部周围。自去年起，阴毛开始增多，并逐渐变得粗黑起来，后来扩展覆盖上了阴唇，呈倒三角形分布于身体下部。

自从阴毛变得浓重后，小萌也变得有些孤单了，以前每个星期都要和妈妈或闺蜜一起洗澡，现在她都自己单独洗澡了。以前下课后常和闺蜜一起上厕所，现在上厕所都尽量在家里上，怕被人看见那浓而黑的阴毛，总想把那些毛剪掉。

一次，学校组织爱农家活动，她们年级组织所有成员去农村住两天，小萌很喜欢这项活动，可是后来听说，去后可能好几个女生住在同一铺农家大炕上，要在同一个地方洗澡，她心想，万一被人发现自己的阴毛状况，那该怎么办呀？

为了避免自己出丑，小萌决定剪掉自己的阴毛。于是在临出发去农村的前一天晚上，当妈妈给她准备路上用的东西时，她就在妈妈屋里翻箱倒柜地寻找剪刀。

"妈妈，咱家最好用的那把剪刀在哪儿？明天我们学校有集体活动，我想把阴毛剪掉，免得让人看见，那多尴尬。"

妈妈说："其他女同学和你一样，到了一定的年龄都长阴毛，有什么羞耻的呢，我们人体的许多部位都有毛发，这些毛发依据人体不同部位对人体起不同作用，阴毛和身体一些部位的毛发一样，是为保护我们的身体而长出来的。"

"哟，阴毛还有作用啊，我以前一点也不知道。"小萌说道。

小萌没有继续寻找剪刀，而是和妈妈一起为明天的出发准备着。她想，其他女同学和自己一样，到了一定的年龄都长阴毛，那有什么羞耻的呢，如果剪掉了阴毛，影响了健康，那可就得不偿失了。

妈妈对女儿说的悄悄话：

女儿，你可能还不知道，女性在青春期的发育中，有两个较突出的发育特征，一是乳房，二是阴毛的生长，阴毛是人的第二性征。

女孩到了一定的年龄都长阴毛。通常，人的毛发分两类，一类不受性激素的影响，包括头发、眉毛和眼睫毛等，我们从生下来就有，另一类是在性激素的影响下逐渐长出，如青春期出现的阴毛和腋毛。一般来说，女孩子从 10～11 岁起开始长出阴毛。阴毛首先出现在耻骨联合处的皮肤上，那种毛发先是稀细、软而色淡，以后逐渐增多变粗，颜色也加深，2～5 年后就成熟定型了。

每个人都会长阴毛，阴毛的有无、疏密主要取决于两个因素：一是体内肾上腺皮质所产生的雄性激素的水平；二是阴部毛囊对雄激素的敏感程度。如果你的小伙伴阴毛稀疏或不长阴毛，你也要劝她不要为此焦虑，因为女孩在阴毛发育期，由于某种原因使肾上腺皮质产生的雄激素水平低下，或阴部毛囊对雄激素不敏感就会造成阴毛稀疏或不长阴毛，但这不会影响人体健康。

阴毛像人体其他毛发一样，对人体是有保护作用的。阴毛是私处的一个保护层，它的分布除了能够简单地防止细菌侵入、起到最外层保护层的作用外，还能够帮助人体这个部位分泌的汗液和分泌物向四周发散和挥发，有利于身体健康。在你走路时，由于阴毛能减少性器官与衣物的摩擦，能降低皮肤受损的危险。此外，阴毛还有保暖的作用，能保护卵子正常生存。

因此阴毛对人体来说，有着良好的保护作用，但由于阴毛生长在外生殖器附近，现实中有的女孩为了美观，会想办法使用各种方法去除阴毛，其实，这也是你对阴毛的作用不了解，阴毛对我们身体作用较大，我们大家应爱护它。

11.

为什么我会长白头发，我是老了吗

女儿的烦恼：

初三女生小桐长得非常漂亮，她有个愿望，就是将来考上重点大学，做一名服装设计师。可是进入初三后，小桐一连两次考试没有考好，于是给自己定了高目标，每天沉浸在高压力的学习中。这期间，她的外婆去世了，让她非常难过，一连多日，无法专心学习，无心饮食，她变得很沮丧。

有一天小桐偶然照镜子，发觉自己有少数白发，她吓了一跳，后来她发觉自己的白发在逐渐增多，头顶部头发呈花白状，她听到班级里淘气的男生背后叫她"白发魔女"，让她越发自卑，觉得干什么都没有信心。有一天她和表姐在一起去超市买食品，那个营业员以为她是表姐的妈妈，喊她大妈。

那天她回家后连饭也不吃，一直躲在被窝里落泪。她拿着镜子一遍遍端详自己，她问自己："我是真的老了吗？"

细心的妈妈发觉了小桐的异样，关切地问她有什么心事。

小桐难过地说："妈妈，今天我在超市买东西时，营业员竟然喊我大妈，我为什么会有白发，我是不是真的老了，我还能考大学吗？"

妈妈说："你是为这事纠结呀，别担心，你这是'少白头'，少白头是一种常见的、暂时的现象，去除某些障碍或致病因素后，头发仍然可以变黑的。"

妈妈对女儿说的悄悄话：

每个女孩都希望有漂亮的头发，我的女儿也不例外，但是当你得了少白头时，也不必为此烦恼，因为少白头是能够治好的。

通常在我们人体，决定头发颜色的是头发中色素颗粒的多少，头发由黑变白，一般是毛发的色素细胞功能衰退，当衰退到不能产生色素颗粒时，头发就完全变白了。正常人从35岁开始，毛发色素细胞开始衰退。而有的人20来岁头发就白了，医学上称少年白发，俗称"少白头"。

少年白头与营养失调有关系。黑头发中的色素颗粒含有铜、钴、铁等元素，假如缺少这些元素，往往出现白发。缺少蛋白质、严重营养不良等也会长白发。此外，精神因素也能造成白发。如果一个人长期郁郁寡欢，心境不佳或精神高度紧张都会造成少白头。女儿，你在前一阶段，每天沉浸在高压力的学业中，这期间，外婆去世了，让你非常难过，一连多日，无心饮食，这都是少白头诱因。

除先天遗传因素导致的少白头无法改变外，其他因素通过合理调节是可以改变的。只要毛乳头里的毛母细胞正常存在，去除某些障碍或致病因素，头发仍然可以变黑。

坏情绪会造成身体的内分泌失调，继而影响黑色素的产生，对生活保持乐观的态度和愉快的心情，将有助于你的头发乌黑润泽。

维生素的缺乏会对形成色素及其新陈代谢有重要影响。平常多吃些富含维生素的豆类、蔬菜、瓜果、杂粮，以便全面摄取生成黑发的营养素。各种动物的肝脏含铜元素较多，番茄、马铃薯、菠菜中也含有一定量的铜、铁等微量元素，也应适当食用。

你还可以经常按摩头皮，按摩可加速毛囊局部的血液循环，使毛乳头得到充足的血液供应，这样，毛球部的色素细胞营养得到改善，细胞活性增强，分裂加快，将有利于分泌黑色素使头发变黑。还要勤于梳头，勤于洗头，这样既能保持头皮和头发的清洁，又能加速血液循环，增加毛孔头的营养，从而达到防止头发变白的效果。

虽然白发病会给自己的生活暂时带来烦恼，但作为青少年，一定要懂得这样的道理：生活中，人的内在品质、气质性格、能力与爱心要比容貌重要得多。因此处于成长期的你，要正确地对待"少白头"这一生理现象，不要因为暂时的"少白头"影响了自己的健康成长。

12.
上厕所时下面怎么流血了

女儿的烦恼：

在中学上初一的小慧，有一天上课时，觉得肚子异常疼痛，后来上厕所时，觉得有液体掉到厕所里，她低头一看是一摊殷红的鲜血，小慧当时几乎吓昏了，从厕所里跟跟跄跄出来后，她脸色惨白："天哪，太可怕了，我的下面怎么流血了，我是不是快死了。"

那天的最后一节课，她是趴在课桌上度过的，老师讲什么根本听不进去，满眼都是那摊血的模样。中午从学校回家后，妈妈正在厨房里忙碌，她一进家门就慌里慌张地对妈妈说："妈妈，妈妈，我今天在学校上厕所时下面流血了，我是不是得了什么不治之症，是不是快死了？"

妈妈听后却高兴地说："丫头，妈妈恭喜你呀，你这是来月经了。"

说着妈妈从抽屉里拿出早已为女儿准备好的经期卫生裤和卫生巾，教女儿换上。然后神采飞扬地说："我的女儿长大了，一般月经的来潮，是女孩生殖系统开始工作的表现，象征着一个真正女性生活的开始。"

"妈妈，你是说，我长大了，有生育能力了。"小慧面色复杂地说。她以前就听说女人会来月经，没想到自己的月经以这种方式来临。

此刻，她突然留恋起童年时那无忧无虑的时光来，可是，人总是要长大的。惆怅之余，她的心里泛起一种成长的喜悦和骄傲。

妈妈对女儿说的悄悄话：

女儿，当你月经初次来临，心理上会出现紧张、害怕、羞涩、好奇等复杂的情绪体验。其实你不必惊慌，因为月经初潮是身体发育的必然，是青春期的标志，每个人都会这样，妈妈会给月经期的女儿提供帮助的，父母也会为你的长大而高兴。

所谓月经就是指女性的子宫内膜周期性剥落、经血从阴道排出的过程。第一次月经来潮称为"初潮"，它是女孩子进入青春期的标志。初潮通常在乳房开始发育后两年出现，初潮代表子宫内膜受到雌性激素刺激而发育了，也代表从子宫到子宫颈到阴道的"通路"打开了，通常情况下，女孩在10~18岁时，会出现月经初潮的现象，一般来说，月经的来潮，是生殖系统开始工作的表现，生殖系统虽然开始工作了，但生殖系统的功能还没有完全成熟。

月经周期一般为28~32天，每次来潮的经期为3~7天。正常情况下，月经来潮的当天，到下次月经来潮的前一天，作为一个月经周期。但月经初来时，还有些不规律，有些女孩子的月经周期会长一些或短一些，慢慢就形成规律了。

当月经形成规律后，月经作为女性正常的生理现象，一般提前或延迟7天也属于正常范围。如果月经过了很长时间都没有来，有可能是因内分泌失调引起的，例如，情绪起伏、周遭环境变化、气温升降等都可使内分泌产生波动，导致月经推迟；女性怀孕也会导致月经停止这一现象；还有一些疾病，如卵巢、子宫疾病引起月经推迟，甲状腺功能异常也会引起月经推迟；在现实生活中，有的女孩因为爱美，为了维持体形控制体重，服用一些减肥药物或者过度节食，也可能发生月经推迟。

当月经量过多了，或某些疾病导致月经不正常时，应及时去医院治疗。

13.
月经来时肚子好痛啊

女儿的烦恼：

女生小艳每次来月经前身体都有明显的不适应的感觉，她小腹胀痛，伴腰部酸痛，身体也疲倦无力。上个月来月经时，有一天突如其来的一场大雨将她淋湿，她就那样穿着湿漉漉的衣服回家了。这个月来例假时肚子就特别痛，疼得都出冷汗了，上课时她痛得趴在桌子上，后来同桌把自己准备的痛经片给她吃，她才坚持到放学。

那天小艳回到家，告诉妈妈说："妈妈，我来月经了，但这次来月经肚子特别痛，疼得都出冷汗了。"

妈妈说："你这是痛经，很多的女性朋友在月经期的时候都会有痛经的表现，痛经是指月经期前后或行经期间，感觉小腹下坠，时常伴有疼痛感，慢慢地疼痛感加剧，伴有恶心，等到大量的经血下来以后，这种症状就会消失。"

"对，对。"小艳点头称是，"我平时的痛经就是这样的，可是我这个月肚子痛得格外厉害，我该怎么办呢？"

妈妈说："这跟你平时经期没有保护好身体有关。引发这种痛经的原因有多种，如霉菌性阴道炎等妇科疾病；经前和经期吃了生冷寒凉的食物；剧烈的情绪波动，强烈的精神刺激；身体受凉引发女性宫寒等都会造成这种痛经。"

"那我可能就是上次经期淋了雨，受寒引起经痛加重的。"小艳回应妈妈说道。

妈妈说："痛经不要紧张，采取适当方法可以治疗缓解的。"

妈妈对女儿说的悄悄话：

痛经是很多青春期少女遇到过的问题。痛经分为原发性痛经和继发性痛经两类，原发性痛经指生殖器官无器质性病变的痛经，这种痛经的发生主要与月经时子宫内膜前列腺素含量增高有关。继发性痛经指由盆腔器质性疾病，如子宫内膜异位症、子宫腺肌症等引起的痛经。

原发性痛经在青春期多见，常在初潮后1~2年内发病。以伴随月经周期规律性发作的小腹疼痛为主要症状，女生痛经平日里可采取如下方法治疗预防：

痛经时不要惊慌紧张，要放松情绪，要注意保暖，尤其是在天气寒冷的时候，如果不注重保暖，很容易造成月经出现黑色血块的现象。可以用热水袋、暖宝宝之类取暖，可多喝热红糖水，红糖属于热性的食物，如果红糖水里面含有姜的话会更好，不仅可以很好地温暖你的身体，还可以有效缓解肚子疼痛的症状。

注意在月经来潮前几天，饮食要尽量以清淡容易消化为主，来月经前几天和来月经期间,要避免生冷和辛辣的食物,如:辣椒、烈酒、胡椒、雪糕、冷饮等,以免刺激子宫和输卵管,加重痛经。要多吃水果菜蔬,多饮开水,也可以适当吃些有酸味的食品,酸味的食品有缓解疼痛作用。

茶、咖啡、巧克力、可乐中都含有咖啡因,都会在月经期间导致身体的不适,这时候都要尽量避免。月经期间禁用冷水,避免淋雨、涉水、游泳或冷水沐浴、洗头、洗脚,也不要坐凉地,经期避免剧烈运动和过度劳累,生活要有规律,还要保证充足睡眠。

平时或经前坚持进行有氧运动,可以缓解痛经,在活动时尽量让自己放松下来,不要劳累过度,要保持愉快的心情。月经期间要避免精神刺激和情绪波动,不要给自己太多思想负担、太大压力,否则容易出现痛经的症状。

女性痛经,也可以服用缓解痛经的药物,这些在一般药店或医院都能够买到。如益母草颗粒,妇科千金片等西药和中成药,对缓解痛经、月经不调都有好处。如果痛经仍没有缓解的话,可以上医院检查一下,因为有些妇科炎症也会导致痛经。患有妇科疾病,要积极治疗,祛除引起痛经的隐患。

我明明没有长胖,为什么会变重这么多

女儿的烦恼:

16岁的爽爽进入青春期后,想要有个苗条的身材,十分关注身

高和体重，她很注意科学控制饮食，还进行体育锻炼，对体重变化非常敏感。可是最近几次她在称体重时，发觉体重与生长之间产生了矛盾，她觉得自己明明没有长胖，体重却增加了许多。起先以为是喝水多了的原因，或者是衣服穿多了的原因，可是去除这些因素，发觉这种怪现象仍然存在。

周末她和妈妈说："我觉得自己明明没有长胖，今天称体重，却发现体重增加了许多，这是怎么回事？"

妈妈说："青春期是一个人从童年到成年的过渡阶段，伴随着生理的逐渐成熟，身体器官也开始从发育到成熟的转变，青春期体重会出现一个快速增长期，体重每年可增加5~6千克，生长较快的可增加8~10千克呢。"

"对呀，我最近体重增长可明显了。"小爽说道。

妈妈说："你觉得你没高也没胖，可是你注意观察没，你的身体圆润许多，你的骨盆宽大了、胸部挺起来了。"

爽爽端量自己说："嗯，我全身都在发生变化。"

妈妈说，"青春期体重的增加是骨骼、肌肉、脂肪和内脏迅速生长的结果。"

小爽恍然大悟地说道："我明白了，青春期我的变化可真是太大了！"

妈妈对女儿说的悄悄话：

青春期是一个人从童年到成年的过渡阶段，青少年的身心在这一阶段发生巨大变化。体重也是身体发育的一个重要标志，体重反映肌肉的发展、骨骼的增长和内脏器官的增大等。青春期前体重以每年平均 2~4 千克增加，到了青春期以后以每年平均 5~8 千克增加。

当你进入青春期后，用心观察一下自己，就会发现，进入青春期后，女孩的乳房在发育，骨盆变宽，臀部变大，阴毛腋毛也先后出现，女孩的卵巢重量增加，能够产生卵子和分泌雌性激素，并出现月经现象。神经系统和内脏器官的生理功能都在迅速增强。心脏心肌增厚，心缩增强，心功能显著提高。肺活量已由 10 岁时的 1400 毫升提高到 2000~2500 毫升。

青春期里，女孩的骨骼、肌肉、脂肪和内脏都在迅速生长。而且男女的骨骼、肌肉和脂肪在质、量以及分布上都有一定差异，在青春期里，男女体重也形成了明显的差异。

人体在发育成熟后，体重的变化取决于脂肪量的多少，骨骼、肌肉量的多少也有一定影响。女性骨皮质较薄，骨密度较小，骨骼比男性轻，男性肌肉比女性发达，所含水分较少，而蛋白质和糖的成分较多。

在整个生长发育期间，肌肉细胞数目是在不断增加的，男孩的增加率在青春期加速，10~16 岁期间约增加 1 倍，女孩肌肉细胞数的增加率相对较小。而女性脂肪比较丰富，其重量大约占体重的 28%，而男性脂肪只占体重的 18%，青春期生长突增期男孩脂肪量逐渐减少而女孩脂肪量则继续缓慢增长，突增高峰之后，在雌激素的作用下，女孩脂肪增加的速度大大加快，使体型更丰满，少数人甚至形成肥胖。想知道自己体重是否标准，可以用标准体重计算法计算。

7~16 岁少年儿童标准体重计算法为：

标准体重（kg）=年龄×2+8

轻度肥胖：超过标准体重 20%~30%

中度肥胖：超过标准体重40%～50%

重度肥胖：超过标准体重50%以上

成年人标准体重，广泛采用两种计算方法：

公式一

[身高(cm)-100]×0.9=标准体重(kg)

公式二

男性：身高(cm)-105=标准体重(kg)

女性：身高(cm)-100=标准体重(kg)

一般标准体重在±10%以内的范围。超过这一范围，就可称之为异常体重。

15.
我好像不长个子了

女儿的烦恼：

15岁的丽丽想做一名舞蹈演员，进入青春期后，她十分关心身高和身材情况，体重略微多了点，她就开始节食，平时每过几天，就去测量一次身高，她发觉前两年自己身高长得很快，每年平均增加6~8厘米，心里十分喜悦，可是最近一段时间，她发觉自己的身高增长有些缓慢了，而最近两个月，好像不长个子了，此时她的身高只有160厘米，难道以后再也不长了吗，她心里十分焦虑。

那天她量完身高，就去问妈妈，妈妈说："影响青少年长高的两个决定因素：一是骨骺未闭合，这样才有长高空间；二是体内生长因子分泌充足、活性强，利于青少年生长。"

于是妈妈带丽丽去医院检查，结果显示，丽丽的骨骺未完全闭合，也就是说，她的骨骼还在发育，丽丽露出喜悦的笑容。

丽丽说："我要努力再长高一点！"

妈妈说："好，咱们一起努力！"

妈妈对女儿说的悄悄话：

女儿，青春期是人的长高过程的第二个高峰期，你若想长得更高一点，一定要好好利用这个阶段。

人的长高过程有两个高峰期，第一个时期是出生到 10 周岁，第二个时期是青春期。女孩的青春发育期一般经历 4 年左右，这时有三大变化，一是身体外形的改变，二是内脏机能健全了，三是生殖器官发育了。人体进入青春发育期身高显著增长，一般来说，男孩身高每年平均增加 7～10 厘米，增速最快的那一年可以长 10～12 厘米。女孩身高每年平均增加 6～8 厘米，最快的那一年则达 10 厘米。月经初潮后仍然有继续增高的潜力，但是增长速度有限，一般每年只有 3～5 厘米了。

人身体的高矮决定于骨骼，是由于长骨两端的骨后软骨不断生长的缘故，而骨后软骨生长有两个因素：一是靠充足的营养，二是靠身体内分泌充足的生长因子，使骨后软骨不断地生长，人就长高了。

因此进入青春期后，你要想再长高点，就要从身边小事做起。

人的身高与体形、脊柱躯干有着密切的关系，脊柱弯曲身高就长得慢，肌肉和躯干肌肉不健壮，脊柱下垂就影响长高。为了你的脊柱正常发育，你可以经常背贴墙站立，使脚后跟、小腿肚、臀部、肩部及后脑壳都贴墙，经常保持这种姿势锻炼自己，你就可以塑造出一个健美的身形。你也可以做增高体操，增强脊背和四肢的肌肉，增加脊柱的柔韧性，改善你的举止的协调能力，拉长颈部及整个脊柱，进而使你长高，使你有结实优美的身材。

研究证明，人长高全在夜间10点以后，这主要是人的生长激素主要在夜间睡眠中分泌，分泌率是白天的三倍，因此保证夜间充足的睡眠极为重要。

还要注意床的软硬对身体长高的影响，过软的床会使身体处于下陷弯曲状态，长久睡这种床对身体长高不利，而睡硬板床有利于身体伸展，对长高有益。硬板床棉絮垫高度应适中，枕头不宜过高过硬，以睡眠舒适为准。

营养也很重要，不能挑食，平时要多吃些豆类、蛋、鱼、虾、瘦肉，合理搭配水果、菠菜、萝卜、橘子等，以便及时补充人体的营养，还要养成良好的生活习惯，不偏食、不吃零食。平时多喝水，少吃方便面、油炸烧烤食物等。保持愉快的进餐，会使身体的血液循环以及消化功能都处在积极工作状态，有利于人体的生长发育。

体育锻炼也能促进身体的长高，经常参加锻炼的学生比不参加锻炼的学生身体平均高出5～10厘米。体育锻炼不仅能加强造血系统功能，促进人体气血循环，能增加食欲，保证营养物质供应，还有利于软骨细胞的增殖，促进骨骼的钙化生长。户外锻炼经常受阳光照射，有利于钙、磷的吸收，有利于骨骼的发育、生长，进而使身体不断地长高。

第二章

爱美是女孩的天性,但如何改变是关键

1.
扎了耳洞好漂亮，我也想要扎

女儿的烦恼：

17岁的小月，是一个喜欢追求时尚、爱漂亮的女生，春节期间，看到快结婚的表姐戴上一副与服装相得益彰的精致耳环，非常漂亮，不禁心生羡慕。以后就经常注意观看时尚女子佩戴耳环的风采，并常去首饰店观望，对各种耳环欣赏不已。后来她用自己攒下的零花钱，买了一副耳钉，打算在五一节时扎耳洞后戴上。

五一节前夕，妈妈给家里置办了一些美丽的花草，散放在卧室客厅和阳台上，家里立刻充满了节日的欢乐气氛，妈妈就在这花草间忙碌。徜徉在这花草间的小月，非常愉快，她拿起首饰盒，走到妈妈身边，想要妈妈陪她一起去首饰店扎耳洞，小月开心地说，"扎上耳洞后，我也一定会非常漂亮的。"

妈妈对女儿扎耳洞的想法并不支持，妈妈说："你们小女孩进入青春期以后，就喜欢时尚爱臭美，这是很正常的，妈妈也很喜欢，也支持你，但是爱美要首先懂得美，追求真正的美，青春期女生的身体还处于发育阶段，少女的耳朵娇嫩，扎耳洞戴耳环会影响女孩身体健康的，因追求美失去了健康可得不偿失呀。"

"扎耳洞戴耳环对身体还有危害呀！那我不扎耳洞了。"小月说着把首饰盒放回房间，她妥协地说，"虽然我爱漂亮，但是身体健康更重要呀。"

她走到花草间，和妈妈一起忙碌起来。

妈妈对女儿说的悄悄话：

生活里，有不少女性都喜欢女性饰品，戴一副与服装相得益彰的精致耳环，无疑是增添了一道在耳畔摇曳生姿的风景，但是作为青春期女孩是不适合扎耳洞戴耳环的。

通常我们的伤口都可以用抗生素来治疗。但是因为外耳主要由软骨构成，在整个头部器官中，外耳的血液循环量是最少的，用抗生素治疗很难见效。而耳朵上部的软组织血液循环又比耳垂差得多，因此穿洞后感染细菌的概率也要比在耳垂上穿洞大得多。耳朵的感染一旦扩大，发展成为化脓性软骨膜炎，甚至导致耳郭坏死的时候，就必须要依靠外科手术了。

有的女孩爱美心切，买了首饰后在首饰店或小商店给耳朵上穿洞，须知在小商店穿洞固然便宜、省时，但是没有卫生保障。一方面，店员不是专业人员，技术良莠不齐。另一方面，操作工具不清洁，穿耳洞用的喷枪或针头如果消毒不彻底，就成了传染疾病的载体。

因此，女儿，当你也想戴耳环时，一定要知道这些知识，青春期女孩儿的身体还处于发育阶段，很多流行的美容方法如：修眉毛，化浓妆，打耳洞，这些并不适合发育中的你们。

2.
姐姐的黄色头发很好看，为什么我不可以染

女儿的烦恼：

16岁的洋洋是个爱美的女孩，她有一双大大的眼睛，一头飘逸的长发。洋洋的表姐最近染了黄头发，洋洋觉得姐姐染的黄头发时尚、前卫，非常好看。她也想把自己的头发染成姐姐那样的黄色，把刘海剪齐，因为那样会让自己看起来像个大眼睛的洋娃娃，特别可爱。

于是洋洋要妈妈陪她去美发店染发，但是妈妈极不赞同她的做法。

妈妈说："染发虽然已成为潮流，但染发对身体是有害处的，尤其青春期女孩正处于长身体的时候，不适合染发。"

洋洋说："染发还有危害呀，我不想染发了，可是我的头发蓬蓬松松不听话，我想把头发打理得好看些。"

妈妈爽快地答应和她去做头发，还说："像你的头发长，可去理发店修剪一下，也可以做做直发或卷发，也能将自己打扮得精致又漂亮。"

然后洋洋愉快地和妈妈一起走出家门，朝美发店走去。

妈妈对女儿说的悄悄话：

随着社会的发展开放，烫染头发是年轻女性的一种时尚，许多女

孩像你一样，热衷染发，女孩有一头漂亮的头发，不但彰显青春靓丽，还会使自己心情愉悦，但是染发的危害也不容忽视。

染发能导致人们的发质改变，氧化剂是染发剂中的重要组成部分，它对头发角质蛋白的破坏力极大，能对头发造成损伤，经常使用会使头发枯燥、发脆、开叉、易脱落。

染发还会引起皮肤过敏。染发剂中含有的对苯二胺是很强的过敏源，染发后容易产生过敏反应，有些人染发时会造成头发外围、耳边、头皮等部位出现过敏，患上一些皮肤病。

染发剂里面含有多种重金属，如铅、汞、砷等，如果频繁染发，你的肝脏可能会受到损害。长期使用会对身体造成慢性损害，还会影响造血功能，使人产生贫血或者血小板减少，染发剂里有些化学成分还能使人的细胞发生癌变。

染发不利于健康，但为了头发的美丽，可以去美发店修剪一下，也能将自己打扮得精致又漂亮。倘若女孩追求时尚或因特殊原因不得不去染色，也要掌握尺度。

年轻人染发最好以挑染为主，不要贴合头发根部染发，这样就能减少有害物质渗入你的头部。注意雾霾天不要染发，因为染发剂含有害物质仲胺，能与烟草烟雾或空气中的废气反应，形成致癌化学物亚硝胺，致癌风险可能更高。染发剂由两种成分组成，使用时混匀的瞬间会发生化学反应，产生高浓度的强烈的致癌气体二恶咽，长期接触将导致人体基因变异畸形，有可能诱发癌症等疾病。染发时又染又烫对头发伤害更大，如果头皮有破损，也不能染发，否则会加重对头皮的伤害。

3.
我也想要穿漂亮的高跟鞋

女儿的烦恼：

15岁的女孩小美，美丽而活泼，但可能受遗传因素影响，她的个子与同龄人相比较有些矮，每当看到大街上那些穿高跟鞋，走起路来袅袅娜娜的女子，都心生羡慕。她也很想买双高跟鞋，以弥补自己的不足。

一直到初二暑假时，小美用自己攒下的零花钱，跑了几家商场，选购到一双自己非常喜欢的高跟鞋。晶莹的鞋面，细细高高的鞋跟，非常漂亮。小美穿上高跟鞋，骄傲地站在镜子前面，发现自己高了7~8厘米，她再也不用为自己个子矮而发愁了。

小美很喜欢那双高跟鞋，尽管她穿着它时，有些站立不稳，走起路来也摇摇晃晃的，但是穿上鞋后身体瞬间增高的感觉，让她很陶醉。

那个周日，妈妈要和小美一起去外公家祝寿。小美兴高采烈地拿出高跟鞋来穿，妈妈见状后却说，"这鞋子好看是好看，但鞋跟太高了，不适合青春期女孩穿。由于青春期女孩正处于生长发育期，穿高跟鞋对女孩子成长发育和身体健康十分不利。"

"穿高跟鞋有危害呀！"小美吃了一惊。她把鞋子重新放进鞋盒里，说，"我很喜欢这双高跟鞋，但它不适合现在的我。"

见小美有些失落，妈妈从鞋柜里拿出一双新买的坡跟鞋给小美。

那双鞋看起来也很漂亮，鞋跟也不高。小美穿起鞋子走了几步，觉得舒服而实用，她高兴地穿上新鞋子，跟妈妈一起朝外公家走去。

妈妈对女儿说的悄悄话：

女儿，与同龄人相比，你的身材有些矮，作为青春妙龄少女，希望自己身材高挑、美丽动人，妈妈十分理解，你穿上高跟鞋美丽的样子，妈妈也很喜欢。

可是，青春期女孩若过早穿上高跟鞋，对身体的发育是十分不利的。

这是因为处于青春发育阶段的少女，骨结构中软骨成分较多，骨组织内含水分和有机物多，无机盐少。骨质柔软，极易变形。你们的足骨、脊柱、骨盆都未发育成熟，在外力的作用下很容易弯曲、变形。

女孩子过早地穿高跟鞋会引起骨盆形态发生变化。骨盆是由骶骨、尾骨、左右髋骨、韧带和关节结合而成的一个骨环，这个骨环的结合过程一般从 7 岁开始，到 25 岁才基本定形。

骨盆是人体传递重力的重要结构，穿平底鞋时，全身重量由全足负担；穿高跟鞋时，全身重量主要落在脚掌上，这样就破坏了正常的重力传递负荷线，使骨盆负荷加重，容易引起骨盆口狭窄，还有可能使骨盆发生不易觉察的转位，影响骨环的正常结合，甚至会导致骨盆畸形。这种影响在你婚后才会知道，当你怀了小宝宝生产时，会给分娩带来困难，妇女产科临床如果遇到这种病例，就不得不采取剖腹产，这会给即将做妈妈的你，带来更多的痛苦和麻烦。

少女穿上高跟鞋，还会使身体重心前移，全身重量会过多地集中压在前脚掌上，而足骨的发育成熟大约在 15～16 岁。过早地穿高跟鞋会使足骨按照高跟鞋的角度完成骨化过程，还容易发生跖趾关节变形、跖骨骨折等，趾骨会因此负担过重而变粗，这不仅影响了足关节的灵活，而且有可能造成趾骨骨折，这些病都会引起足部疼痛，严重时会影响行走、活动。

因此，在青春期不要穿高跟鞋，特别是那种跟高 7～8 厘米的超高跟鞋。从生物力学的角度看，女孩子最好是穿坡跟鞋。坡跟鞋或其他跟高不超过 3 厘米的鞋都比较好，穿坡跟鞋，身体重心既不前移，也不后移，不仅能预防肌肉和关节损伤，还能免除穿平跟鞋所引起的小腿后部肌肉过度紧张。

妈妈理解你爱美的心理，但是爱美的同时也千万不要忽略自己身体的健康啊，须知失去了健康，美也就枯萎了。

4. 拒绝整容，自然才最美

女儿的烦恼：

15 岁的小雅是某中学的女生，虽然她长相秀丽，但美中不足的是鼻梁有点塌。有一天，小雅偶然听到几个同班的男生在聊天，说她虽然长相不错，但若鼻梁高点，就算美人了。小雅听闻之后回家就跟妈妈说，她要整鼻梁，好让自己变得更美丽些。

妈妈听后说："希望通过整容手术来让自己变得更漂亮，这种想法虽好，但是，少女并不适合做整容手术呀。"

"为什么呀，人人都有追求美的权利呀！"小雅不服地说道。

妈妈说："'爱美之心，人皆有之'，但爱美、追求美的同时，还必须懂得美，知道什么是美。你整容的目的不过是由于内心过于期待外界的关注，这是你对自己的认同度太低，比起美容，其实更重要的是建立自己的自信心。"

"噢，我懂了，与其寻找外表的美丽，我们更应该充实自己的心灵，建立自己的自信。"小雅醒悟地说道。

妈妈对女儿说的悄悄话：

女儿，当你说希望通过整容手术来提升自信，获得更多的关注，妈妈理解你的心情，女孩进入青春期后，开始关注自己的外表，开始追求美，希望通过整容手术来让自己变得更美丽、更漂亮，这种想法虽好，但这其实是怀疑自我、缺乏自信心的一种表现。

很多少女像你一样，想要以美丽出众的外貌获得更多的关注，还有些女孩是为了与同伴攀比，希望自己更受欢迎，其实女孩完全没有必要为哪个部位长得不完美而感到自卑。你们正处于学知识的关键时期，理应在学习方面好好充实自己，不应把美的希望寄托在整容上。比起美容，其实女孩更重要的是建立起自己的自信心，肯定自己，学会赞扬自己，悦纳自己。

再者少女不适合整容，因为未满18岁的孩子，身体尚未发育成熟，身材和面部都有可能发生变化。随着身体的发育，即使已经做好的整形也有可能发生变化。

青春期少女的心智尚未成熟，自身的审美观在不断改变之中，审美的标准也极不稳定，极易受到时尚潮流的影响。而整容手术往往是不可逆的，一旦整容，将来有一天，发现自己不喜欢所整的面容，想恢复原本的容貌已不可能。而且任何的整容手术都有多重的危险，许多整容者对自己的手术效果并不满意。接受过整容的青春期女孩会更有可能出现焦虑和忧郁，整容手术还可能带来心理和精神上的问题。

其实每个人都有自己的特点，每个人都是独一无二的，不管容貌美丑，我们都应该珍惜。有时刻意的修饰并不能为你增添自信，反而会让你觉得自己的完美是整出来的而更加难于承受。

爱美是女孩的天性。但爱美、追求美的同时，还必须懂得美。作为女孩，你更应该注意深层次的东西。理想的美既要容貌气质与衣着打扮达到和谐统一，又要外在美和心灵美的合而为一。而任何的美都离不开身心的健康，自然健康的美才是真正的美。

5.
没有名牌，你也一样是妈妈的小公主

女儿的烦恼：

13岁女孩小华进入中学后，就开始留心同学们的穿衣打扮，她发觉许多同学以穿名牌为荣，她们大多赶时髦、赶潮流，街上流行什么样式的衣服，就穿什么样式。平时大家在一起，也总是欢天喜地地谈论名牌服饰，效仿明星的装扮，认为名牌胜过一切的杂牌。

小华很羡慕闺蜜小雨，小雨说她每年都花大量钱买名牌服装，小华去小雨家玩时，看见她衣橱里的名牌衣服和饰品一大堆，看得小华眼花缭乱。

新学期开学不久,当妈妈领着小华逛商场时,小华就跟妈妈说,她也要买名牌衣服。

妈妈问:"你觉得什么名牌衣服穿起来好看?"

"妈妈,我也不知道呀,是名牌就行,否则会让同学瞧不起的。"小华答道。

妈妈笑了,说:"买衣服的关键不在于是不是名牌,也不在于是否昂贵,关键看自己穿起来好不好看,好的衣服不但有品位,还能掩盖你身体的缺陷,别人看着也觉得赏心悦目。"

妈妈对女儿说的悄悄话:

随着青春期的到来,女孩对美有了向往,但是有些女孩像你一样,不懂得如何打扮自己,甚至觉得穿名牌才会有气质,其实穿衣服的品位,不是指只买名牌的虚荣心,而是指能够挑选出适合自己独特品位的商品。

比如你在买衣服时,首先应关注衣服的式样,衣服的式样对于人的美观起着重要作用,它既可以弥补自身的缺陷,又能扬长避短,为自己的美色增辉。

因为人的视觉会有一种错觉,认为浅色可以把物体放大,深色可以把物体缩小,直线可以把物体拉长,平行线可以使物体增加宽度;因此略微矮胖的女孩不宜穿肥大、带横条花纹的衣裳,而应穿那些裁剪合身且带竖条花纹的衣服,这样的衣服能够掩盖自己的缺陷,让人看起来赏心悦目。而身材细长的女孩,穿上浅色衣服,则会给人以素雅、醒目、潇洒、大方之感。如果女孩很瘦,不要穿黑衣裳,否则会显得更瘦。

还有，衣服的颜色要符合自己的个性，心理学家把红色、橙色、黄色等颜色称为暖色，把绿色、蓝色、紫色称为冷色，通常暖色会给人以热烈、辉煌、兴奋的感觉，冷色会给人以清爽、娴雅的感觉。你的性格开朗活泼，情感外露并善于交际，那么你就应该多穿暖色衣服，看起来与你的性格相协调。而那种性格沉静、不喜欢交际、寡言少语、情感内向、较孤僻的女孩，适合穿冷色调衣服，会给人一种清爽、娴雅的感觉。还有，买衣服时应注意，大红大绿的会使人侧目，应该多选用有中间调和色的衣服，即服饰的对比色的颜色不能过于鲜艳。

在你选购服装的时候，要尽量使袜子、鞋的颜色与裤子的颜色相同，这样会给人以两腿"修长"的错觉。选衣服时还要学会搭配，比如，在买一双靴子的时候，想到的不是这个款式是不是流行，而是它可以搭配自己已有的哪条裤子或者上衣。一件便宜的小衫，配上合适的裤子和鞋子，也能让人觉得清新脱俗。

一个人的服装之美，不在于花钱多少，而在于有一种情趣与品味。一个人的衣着、装饰，要合于身份，合于体型，要从自己的实际出发，做到纯朴自然、落落大方。

要提升自己穿衣的品位，你可以在平时多看看时装杂志，学习一些搭配的小窍门，掌握一些颜色搭配的技巧。选衣服时要学会搭配，当然，你还要关注你的身材，有品位的穿衣原则就是充分展示自己优点，巧妙地掩盖自己的缺点。

6.
减肥要科学,伤害身体不允许

女儿的烦恼:

17岁女孩李悦是高一女生,因为肥胖在学校常遭班上同学的嘲笑,班级里的男生为她起名"胖冠军",李悦为此气得直掉眼泪。她很羡慕学校里那些苗条的女孩,每当看到身边有袅袅婷婷美女走过,心里有着说不出的羡慕,最终李悦决定减肥。

李悦回家跟妈妈说了自己的打算,她说:"我决定不吃饭或少吃饭,然后疯狂锻炼跑步,我一定会瘦下来的。"

妈妈说:"那样做的话,你可能会瘦下来,但是,对你的健康成长是不利的。"

"减肥能给身体带来伤害吗?"李悦好奇地问。

妈妈说:"是呀。少女时期是长身体的时候,也是求知欲望最强烈的时期,需要供给充足、全面的营养,才能保证身体和智力的发育。青春期少女体重如果超过了正常体重的20%就可以减肥了,但是减肥要科学,不能伤害身体。"

"我要采取科学减肥法,一定要让自己瘦下来。"李悦斩钉截铁地说。

妈妈对女儿说的悄悄话:

亲爱的女儿,进入青春期后,我知道你像其他妙龄少女一样,希望自己身材苗条、美丽动人，但少女正处于发育时期，身体需要大量营养，不当的减肥方法会导致少女发育不良产生各种疾病，给正在发育的身体造成危害。

如果盲目减肥的话，会造成营养缺乏，会促使脑细胞早衰，无法应付繁重的学习和工作任务。节食会导致各种维生素的摄入不足，会发生口角炎、舌炎，可导致坏血病，可引起骨代谢异常，身材长不高或骨骼变形，还可能会出现夜盲症。

节食还可造成各种无机盐及微量元素缺乏。钙、磷摄入不足或比例不当会直接影响骨骼发育。缺铁可导致贫血，缺锌可影响人体生长和性腺发育。

因此，你千万不可为了苗条盲目减肥，不要以自己的健康和生命为代价。如果确实是超过标准体重了，想要保持好的身材，也要采用科学健康的减肥方法。

那怎么才能做到科学减肥呢？

首先饮食要有规律，早餐要吃好，中餐、晚餐不要吃过饱，有饱腹感即可。记得少吃油腻的食品，少吃高脂高热的食物，如奶油点心、巧克力等。应摄入含蛋白质、各类维生素和矿物质、粗纤维的食物，要多喝水，饮水与肥胖没有关系，而且水对促进人体代谢有很好的作用。

要保证足够的营养、适量的热量和合理的膳食结构。同时要在日常的饮食中注意摄入一些能促进身体脂肪代谢和降解的营养素。然后在平衡膳食的基础上，加强体育锻炼，多参加户外活动、社交活动，勤用脑子也是减肥的有用方法。

7.
戴着眼镜的帅气最好不要

女儿的烦恼：

小梅是个漂亮的大眼睛女孩，从小她就喜欢接近舅舅。小梅的舅舅是大学老师，他有高高的身材，儒雅的谈吐，知识渊博，幽默风趣。鼻梁上架的那副眼镜，更显得他英俊帅气。上中学时小梅在心里立志，长大要像舅舅那样戴一副显得知识高深的眼镜，做一个有学问的人。

初二起，小梅学业异常繁忙，作业功课占据大部分时间，业余时间也忙着查资料，做练习题，或者补习英语，她有个不好的习惯，就是喜欢躺在床上看书，初三时，小梅发现上课时，她的眼睛有些看不清黑板上老师的字了，看东西视力也有些模糊。

小梅跟妈妈说了自己的情况，然后得意地问妈妈，"我这是不是近视了，我可以佩戴眼镜了吗？我觉得戴眼镜蛮帅气的，一看就觉得很有学问，我从小就喜欢戴眼镜的人，一直想做个像舅舅一样有学问的人。"

妈妈听后，吃了一惊，说："你近视了吗？近视可不是什么好事儿，你现在觉得你舅舅戴眼镜蛮帅气的，可是你不知道他有多后悔佩戴眼镜！你舅舅从小是体育健将，是校篮球队的主力，一心想上体育院校，后来由于戴眼镜放弃了从小的理想，离开了心爱的体育运动场。"

小梅听后吓了一跳，说："那我可不喜欢戴眼镜啦，可是我现在视力有些模糊，应该怎么办呢？"

妈妈说："去医院验光呀，看看你的视力情况。"

在医院，小梅经过验光发现是假性近视，通过治疗矫正还可以恢复正常视力。医生给她拿了眼药水，叮嘱她一些矫正视力的注意事项，她和妈妈就回家了。

小梅深有感触地说："以后我一定要注意科学用眼，否则真近视时，我就得终生佩戴眼镜了。"

妈妈对女儿说的悄悄话：

眼居五官之首，是人体最重要、最精巧、最完善的感觉器官，是人们生活、学习、工作的好帮手。如果视力不良，会对你将来的生活造成不利影响。

首先你未来的全面发展受限，戴眼镜不利于在体育场驰骋，而且高考报考飞行、警校、航海等48个专业受视力限制，这将给你的升学带来影响。当你高度近视时，容易引发视网膜脱落等眼病。戴眼镜也影响日常生活，如冬天从室外进室内，眼前都是灰蒙蒙一片。尤其雨天雾天眼镜上容易附上水汽，使自己看不见路，严重影响生活，因此你一定要珍惜你那一双清澈明亮的眼睛。

现在青少年因为学业紧张，容易造成视力疲乏，形成近视眼。一般青少年的近视眼，有三种类型，一种是半真半假性近视，一种是假性近视，还有一种是真性近视。多数青少年的近视眼，属于假性近视。这是由于用眼过度而引起的一种功能性近视，如果不及时进行矫正治疗，长久之后就会发展成真性近视。

所以你从现在起，就要注意矫治你的假性近视，尽快让你的视力恢复和保持正常水平。

在平时你就要保持科学的用眼姿势,在看书写字时应使眼睛和书、笔保持 30 厘米以上的距离,并保持正确的坐姿,使用的桌椅要高矮合适、协调,不要在走路、乘车和躺着的时候看书,也不要在光线不好的情况下看书。

还要注意看书时间不宜过久,玩手机、计算机、游戏机等时间不要过长,每看一小时,要休息片刻,学习的间歇,应向远处眺望一会儿,要养成做眼保健操的习惯,眼保健操能缓解你睫状肌的紧张状态,进而消除视觉疲劳。保证每天适量的户外活动,也可以缓解眼睛的疲劳。

还应注意保持营养的均衡,多吃一些保护视力的食物。要多吃瘦肉、动物的内脏、鱼虾、奶类、蛋类、豆类等富含蛋白质的食物,以补充细胞的修补更新需要。多吃含维生素 A 的食物对身体有好处,如胡萝卜、苋菜、菠菜、红心白等,能防止夜盲症和视力减退,预防和治疗干眼病。含维生素 C 的食物对眼睛也非常有益,钙具有消除眼睛紧张的作用,因而对眼睛也是有好处的,常见的药材中,菊花、枸杞等都是利眼明目的佳品。

8.
露脐装、紧身裤要远离

女儿的烦恼:

17 岁的小宜长得身材高挑,每当看到大街上的女孩子,穿着露脐装、紧身裤，袅袅婷婷地行走时，她都非常羡慕。于是，在暑假参加夏令营聚会时，她特地买了两套露脐装、紧身裤来穿，露脐装、紧身裤不但能显露出她的细腰，而且也充分展示了她的长腿。因为这美丽的衣裳，她赢得许多人欣赏的目光，整个夏令营活动期间，她都过得很快乐。

可夏令营结束后，她就患了腹痛、腹泻，回家后就躺卧在床上，连饭都不想吃。做医生的妈妈从家里的药柜里找出治疗腹泻的药给她服用，她的症状才减轻了些。

妈妈说："你这一定是穿露脐装惹的祸。露脐装、吊带短裙等穿起来觉得好看潇洒，但这类衣服会对你的健康带来莫大的危害。因为这种衣服会将身体上的一些脆弱部位暴露在外，而风寒就极易从此入侵，会影响身体的健康，导致一些疾病产生。穿紧身裤也会影响身体正常发育，危害身体健康。"

躺卧在病床上的小宜深有感触地说："以前我在选择衣服时，光图漂亮好看了，看来以后买衣服还要考虑健康问题。"

妈妈对女儿说的悄悄话：

女儿，你穿露脐装、紧身裤的样子，看起来非常漂亮，不但能显露出你的细腰，而且也充分展示了你的长腿，但是常穿露脐装、紧身裤是有碍身体健康的。

现在的夏日里，我们会看到许多女孩贪图凉爽或出于爱美的心理，选择露脐装、吊带、短裙等服装，但是这种衣服对健康是有危害的，因为夏天暑热，人体的阳气蒸腾于表，全身毛孔大开，以便于出汗散热，然而，全身毛孔大开正让风寒之邪有了可乘之机。

露脐装，正好将腰部、肚脐暴露在外，会使腰部受寒，肾气受损，风寒极易从肚脐入侵。在早、晚天气较凉爽或者阴雨天气温较低时，最好不要穿过露的服装，还要注意，电扇、空调的凉风不要正对着脐部猛吹，穿露脐装骑摩托车或自行车时车速不宜太快，以防病从"脐"入。

暴露的腰部会使你的腰部受寒，导致出现倦怠、食少、大便稀薄等症状。肚脐是人体最薄弱的部位，脐部受寒会影响人体的胃肠功能，有可能给你造成月经失调、痛经等妇科病症，还会增加年轻女性患膀胱炎的风险呢。露脐装对健康的影响不一定当即就显现，当抵抗力下降时，有些人就会出现不适症状。

穿露脐装还会引起水桶腰。因健康的人体在无意识状态下有一种自我防护功能，身体某个部位冷了，就会生成较厚的脂肪来防止寒气的入侵。因此，当把肚脐露出来的时候，腰部的温度就会变低，此时，身体本能的会在此处长出额外的脂肪，来防止寒气的侵入。如此一来，腰部的脂肪就厚了，久而久之就会形成水桶腰。

紧身裤也不能长穿，紧身裤虽然能够衬托出身体曲线，但长时间穿会影响血液循环，妨碍关节伸屈和身体正常发育，下肢的动脉血液一旦循环不畅，就会造成血液回流不足，容易引发冻疮、脚底冰凉、腿麻、腿软等症状。

不少女生月经期间也会选择紧身裤，以为这样可以降低渗漏的风险，但过紧的裤子会对小腹造成压迫，影响血液循环，会加剧痛经等经期的不适感。同时，紧身裤摩擦到娇嫩的会阴，容易造成会阴充血水肿，紧贴和密封的环境还会使细菌滋生，增加患尿道炎的风险。

爱美是女孩的天性。其中选择衣物本身就是选择美，也是你向别人表达你的审美情趣，每个女人都拥有美丽的权利，但在选择衣服时，一定要注意，从健康的角度来看，很多疾病与穿衣服不适当有密切的联系，尤其是现在很多妇科疾患，与近年来所流行的服装有关。我们不能因为赶时髦，而把"美丽"建立在牺牲健康的前提之上。

9.
开心地和雀斑说拜拜

女儿的烦恼：

12岁女孩佳佳，长得清纯可爱。美中不足的是，还未进入青春期以前，她的脸上就长了几个雀斑，起先斑点很少也很淡，进入青春期后，斑点越来越多，还越来越明显，密密麻麻的分布于鼻和两颊部，给她增添许多烦恼。

国庆节期间，佳佳参加了一个婚宴，宴会上一些亲戚及几个和她年龄相仿佛的姐妹在同一餐厅用餐，亲戚们都说佳佳长得好看，唯一不足的就是这些星星点点的褐色斑点，如果斑点消失了，佳佳就是一个美丽的女孩了。

亲戚们的议论让佳佳很苦恼，宴会回来后，佳佳就开始研究她面部的雀斑。

她对妈妈说："这雀斑太伤我自尊了，我现在几乎天天都为它们烦恼。为什么我周围那么多姐妹，别的人都没有雀斑，就我有呢？我要想法把它们去掉。"

妈妈对女儿说的悄悄话：

爱美是女孩子的天性，健康、纯净、美丽的肌肤，自然是女孩的最爱，但也不要为雀斑烦恼，不要让雀斑影响了你的心情，影响了你的学业，相信只要采取适当方法，雀斑就会逐渐淡化和消失的，你的肌肤会重新变得纯净、美丽。

通常形成雀斑的原因，有遗传因素，也有后天形成。遗传不一定是遗传自你的父母，有可能是隔代遗传。

雀斑多在4～5岁开始出现，随着年龄增长逐渐增多，青春期明显，之后一般不再增加了，到老年会逐渐减少。我们常会看到，有些人的前额、面颊、下颌等部位会有这种斑点，这种雀斑一般呈对称分布。夏季因日晒斑点数目增多，色加深，而冬季则相反。

为什么夏季日晒斑点数目会增多？日光中的紫外线照射是雀斑形成的重要原因，当皮肤接受过多日光照射时，表皮就会产生更多的黑素颗粒，黑素颗粒可以吸收紫外线，保护人体免受伤害，而阳光中的紫外线一方面刺激皮下的色素细胞活动频繁，制造出大量的麦拉宁色素，另一方面损伤皮肤细胞正常的新陈代谢功能，令黑色素无法顺利排出而残留在皮肤上。

雀斑的形成，还与人体内含有许多毒素没有及时排除有关，在正常人体内含有许多毒素，特别是在肠道内。当人体自主神经紊乱，尤其是副交感神经活动减弱时，肠液的分泌减少，肠的蠕动减弱，粪便在肠内就会长期停留，肠内毒素被吸收，当这些毒素含量过高时，便会随着血液循环沉积在皮肤上，从而形成色斑。

雀斑形成也和经脉不通、内分泌失调以及不良的清洁习惯和生活压力有关，皮肤的代谢率不佳，会导致黑色素颗粒的产生，容易产生雀斑。

要预防和治疗雀斑，可以咨询专家，制订一套适合自己的治疗方案。雀斑可以通过药物治疗和外科方法治疗，药物治疗可采用内服药物和外用药物治疗，外科方法治疗有用化学剥脱术治疗、雀斑激光治疗等。

平时做好防晒措施，应避免过度的日光照射和日光暴晒，尤其是夏季，外出应遮阳或使用防晒霜。还要防止各种电离辐射，如我们常见的各种玻壳显示屏、各种荧光灯、紫外线照射仪、X光机等。这些辐射能够产生类似强日光照射的后果，甚至比日光照射的损伤更大，导致色斑加重。

要保持乐观，避免不良情绪的产生，禁止使用含有激素、铅、汞等有害物质的化妆品，不要吃刺激性的食物，尤其是咖啡、可乐、浓茶、香烟、酒等。这些刺激性食物吃得越多，会导致黑色素分子浮在皮肤表面，使黑斑扩大、变黑。

要多喝水、多吃蔬菜，可经常吃西红柿，因为西红柿中含丰富的维生素C，可抑制皮肤内酪氨酸酶的活性，能有效减少黑色素的形成，进而使皮肤白嫩，黑斑消退。

10.
你那五颜六色的指甲并不是真的美丽

女儿的烦恼：

说不上什么时候，小钰喜欢上了那种涂着五颜六色指甲油的指甲，每次逛商场，她都会在精美指甲屋门伫立良久，那五颜六色的小瓶里的液体，涂于指甲后所形成的薄膜，牢固而具有光泽，赋予指甲一种美感，把手部肤色衬托得更白皙，指尖也更加纤长动人。

当小钰走进指甲屋也涂上了五颜六色的指甲油时，心里有着说不出的喜欢。走出指甲屋时，她炫耀地伸开手指，看着指甲在阳光下闪着五颜六色的光，心里得意极了。

小钰涂完指甲油回家后，妈妈正在厨房里忙碌，电饭锅冒着热气，散发着米饭的芳香气味，妈妈坐在小板凳上择豆角，小钰也拿个板凳在妈妈身边坐下，想和妈妈一起择豆角。

见女儿来帮忙，妈妈非常高兴，可是当看到女儿手上的指甲时，妈妈却说："你择菜时别让菜接触到手上的指甲油啊，因为指甲油是有毒的。"

小钰吓了一跳，她快快地缩回手去，看着自己的指甲，觉得这五颜六色的指甲并不是真的美丽呀。

于是小钰对妈妈说："那我以后再也不涂指甲油了。"

妈妈对女儿说的悄悄话：

许多女孩都和你一样，喜欢涂指甲油，指甲油虽然看起来美丽，却会对我们的健康造成伤害。

现在很多女性都有涂指甲油的习惯，但指甲油的危害也应引起我们注意。

指甲油的成分一般由两类组成，一类是固态成分，主要是色素、闪光物质等；一类是液体的溶剂成分，主要使用的有丙酮、乙酸乙酯、邻苯二甲酸酯、甲醛等。

指甲油之所以鲜艳易上色，是由于其中含有大量化学成分，这些成分可让指甲油颜色变化多端，同时还可以保证涂上的指甲油在一段时间内不会脱落。但是这其中的许多人造色素是带有毒性的，甚至还有一些重金属元素，要是长时间使用并被人体所吸收的话，就很有可能会对人体造成极大的危害。有些指甲油加入了大量的丙酮、乙酸乙酯成分，这两种成分的特点是极易挥发，会产生令人眩晕的刺激性气味。它们会经过呼吸道进入体内，长期被人体吸收的话不仅对人健康十分有害，还容易引起孕妇流产。

普通指甲油的溶剂成分基本都是有毒或者是有害的物质，会妨碍人们正常的荷尔蒙平衡，导致严重的生殖损害和其他健康问题，而其中危害性最大的是苯、邻苯二甲酸酯、甲醛，其次是丙酮、乙酸乙酯等物质，因此要是长时间涂抹或者是接触这些物质的话，会有致癌的危险。

连续性地涂抹指甲油，会阻碍指甲的"正常呼吸"，破坏指甲的角质细胞，指甲会变得越来越薄，容易断裂并且生长缓慢，指甲颜色会变得发黄、暗淡。

因此爱美的女孩要注意：在平时生活中尽量远离各种指甲油，尤其是一些质量低劣的产品，以免身体健康受损。在购买指甲油的时候必须要认真挑选，并且还应该尽量避免去一些小摊上购买，因为这些指甲油几乎是没有质量保证的。最好是购买有品牌的产品，这样质量会有更大的保障。

11.
白皙透亮的肌肤胜过妖艳的妆容

女儿的烦恼：

16岁的女孩小艺是高二的学生，她常在暑假去姑姑家度假。姑姑是个地方演员，常在地方各类文艺会演中表演节目。小艺发觉，平日里姑姑很善于化妆，尤其是在登台表演节目时，无论是俏丽精致的日系妆容，还是妖艳妩媚的欧美妆容，都让人有视觉上的享受。

小艺回家后，也开始学着姑姑的样子化妆，她将从姑姑家带回来的化妆品摆在书桌上，早上起来的第一件事，就是坐在镜子前，一层层地往脸上搽这抹那。

妈妈不支持小艺化浓妆，妈妈说："化妆会让人们变得美丽漂亮，但不适合青春期女孩，因为女孩在青春发育期，化妆不仅会对你的皮肤发育有很大的影响，还会让皮肤不能正常呼吸养分，会对皮肤造成很严重的伤害。"

听了妈妈的话，坐在镜子前的小艺，再也没有力气往脸上涂抹化妆品了，她起身走进洗手间，将脸上妖艳的妆容洗去，回来站在镜子前，看着自己白皙透亮的肌肤说："还是我自然的皮肤好看。"

妈妈对女儿说的悄悄话：

随着社会的发展开放，各种时尚节目的播出，使得越来越多的青春期女性关注自己的时尚问题，许多青春期女孩像你一样，为了美丽，也开始使用化妆品，可是化妆品会给你们的容貌带来许多危害。

处在青春发育期的女孩，皮脂腺分泌功能增强，皮肤多由中性转为油性，肌肤每天排放的汗液和油脂都是比较大的，若是化妆便会堵塞脸部毛孔，阻碍了肌肤的正常代谢，这对肌肤的发育也是有很大的影响。而且青春期的女孩，皮肤敏感、细腻且多油，往往容易长青春痘，常年使用化妆品对皮肤健康来说是百害而无一利的。

我们人体全身的皮肤共有汗孔2000万个以上，每天由汗孔排泄大约1.5万粒体内废物。青春期女生如果浓妆艳抹，这样会阻塞体内废物的排出，不仅会让皮肤不能正常呼吸养分，还会引起肌肤的过敏。

浓厚的粉底会让皮肤透气性减弱，长此以往，就会导致面部皮肤缺乏营养。各种修饰性的化妆品中含有一些化学物质，并不是皮肤营养、代谢所必需的营养素。如果经常使用，会破坏皮肤的屏障作用，加重皮肤负担，容易引起皮肤老化。而且，化妆品大多含有铅和其他重金属成分，如铅可使皮肤局部含铅量过高，引起色素沉着，还可能引起人体慢性铅中毒。

尤其是眼部化妆，会让敏感、脆弱的眼周肌肤更易受化学产品的刺激，常抹浓妆的话，会对皮肤造成很严重的伤害，会导致皮肤松弛、鱼尾纹、长痘痘等，还有的女孩喜欢涂口红，口红中的羊毛脂和蜡质，常将空气中的细菌、尘埃、病毒及一些重金属离子等悬浮物，吸附在口唇黏膜上，人在喝水，吃东西时极易将口红及上面附着的有害物质带进口中，也会影响身体健康。

其实每个青春期女孩都有自己独特的美，并不需要太多的装饰，女孩在25岁以前应尽量减少使用有化学物质的化妆品，可根据个体的肤质或季节，适当选择一些由植物提取的具有清洁、润肤、保湿功能的护肤品。在护肤品的选择上，应尽可能选用信誉好的正规品牌的产品。

如果在某些场合必须化妆，你应注意以下几点：要尽可能地化淡妆，以减轻化妆品对皮脂腺的堵塞程度，防止痤疮的产生。要尽量选用刺激性较小的化妆品，而且化妆品在皮肤上停留的时间不宜太长，以免影响表皮细胞的气体交换。使用化妆品后一旦出现不适感觉，应立即将其冲洗干净，切记不可再次使用这种化妆品。

第三章
情窦初开,正确处理自己的感情

1.
有人和我表白了，我该怎么办

女儿的烦恼：

小丹是初二某班班长，她平时学习成绩不错，对班里的事很关心，性格又开朗，同学们都很喜欢她。有一次，班上男生小刚连着给她发了两封求爱信。第一封主要说他的感情，小丹虽诧异，但并没在意，心想只要自己置之不理，他就会知难而退。不料，第二封信他又约她周末上午九点在公园某处见面，搞得小丹不知所措。

虽然小刚是个长相帅气的男孩，是班级里的体育代表，但小丹不想在中学求学阶段考虑这个问题，可是又不知怎么回复小刚。

那个周末，小丹和妈妈一起在家里打扫卫生，小丹时不时地看钟表，眼看着离九点越来越近了，她的心里也越来越惆怅，于是求救似的对妈妈说："班级一个无聊的男生，总给我写情书，还邀请我今天上午见面，我现在不想处理个人问题，可我不知道该怎么办。"

妈妈说："接到求爱信不必紧张，这个时候你应该学会尊重并理解他人，还要学会妥善处理这种关系，以后随着你渐渐长大，在和异性交往的过程中，会经常遇到这类感情问题的。"

妈妈对女儿说的悄悄话：

女儿，随着你步入青春期，在和异性交往的过程中，不可避免地会遇到情感的问题，女孩子平生第一次收到异性的情书，心潮起伏不难理解，左右为难也是正常现象。青春期是人生中的重大转折时期，写情书这种向异性秘密传递内心世界的做法，反映了青春期少年身心发展、成熟的特点。但是作为收信一方，应该妥善地处置这件事情。

接到求爱信不必紧张，要记住，男女之间写这类信件的动机通常并非出于恶意，而恰恰是对方表达对你的好感，是你得到了他人的承认和欣赏。

要记得学会尊重对方，即使没有好感，也应该学会尊重并理解他人，拒绝他人的爱慕和好感一定要建立在对他人尊重的前提下，一般不宜采取这几种做法：你反感对方的做法，回信狠狠地训斥责骂对方一顿；报告老师，让老师处理写信的一方；把信的内容公之于众，让求爱者出尽洋相；在大庭广众之下拒绝对方的表白。

要知道拒绝不是伤害，是对自己和他人都负责的正确做法。但是任何过火的回绝方式，都会伤害对方的自尊心，影响男女之间的正常友谊。

回绝应该考虑到你们平素的关系和对方的个性特点，选择冷处理、面谈、书信等方式，但建议不要采用托人转告的方式，因为这显得对对方不够尊重，还可能带来不必要的麻烦。一般来说，也不要在对方刚表白完立即加以拒绝，但也不可拖延太久。回信尽力维护对方的自尊，让对方觉得拒绝也是为了他好，如果必须做出解释，你不妨把消极原因归于自己,避免给别人造成消极影响。

比如,你可以告诉他你的想法:青少年对人生、对社会、对世界的看法尚未定型;心理尚不稳定;经济难以独立;还不善于控制自己,此时的自己还没有能力去承担这么沉重的爱情。

此后,你同对方的交往可和往常一样,既不故意疏远回避,也不过于热情亲近,而是落落大方,一切照旧,好像没有发生这事一样。

如果对方一味地胡搅蛮缠,就只有采取断然拒绝的方式了,必要时则应求助于老师或家长。

2.

我好像喜欢上了我的老师

女儿的烦恼:

15岁的小英是初中二年级的学生,最近有件事让她很困惑,就是她很喜欢上语文老师的课。教她们语文的是位男老师,他30来岁的样子,戴一副眼镜,不仅知识渊博,人长得也英俊潇洒。有一次她因病耽误课程,老师还主动给她补课,那以后她每天都特别想上他的课。

上课时她一双明眸紧盯着老师,对老师的举手投足、衣着服饰十分关注。只要老师无意中瞥她一眼,小英就会激动不已。小英的脑海里经常会浮现出老师的身影,甚至有好几次夜里都辗转反侧,难以入眠。

这种莫名的情绪让小英很惆怅,她不想让这种感情左右自己,可是自己又能怎么办呢？那天下午放学时，她一个人背着书包在校园里茫然地徘徊着，她希望能够遇到老师，遇到老师后又怎样，她没有细想过。

后来她在惆怅中回到家里，妈妈正在餐桌旁等着她吃饭呢，见她回来，妈妈问："小英遇到什么事情了，怎么无精打采的？"

小英心事重重地坐在餐桌前，她说："妈妈，我好像喜欢上语文老师了，脑海里老浮现出他的身影，我不知道该怎么办。"

妈妈说："你是为这事烦恼呀，其实，这是青少年男女成长过程中的自然现象。在青春期性意识发展历程中，在疏远异性阶段、接近异性阶段、恋爱阶段中，有些青少年在第一和第二两阶段间，还要经历一个向往年长异性的阶段，这是不少人学生时代的经历。"

所以当你在青春期遭遇"长者恋"困扰的时候，不必惊慌，也不必迷茫，相信自己能够走出这段感情历程。

妈妈对女儿说的悄悄话：

随着青春期女孩的成长，一些女孩可能会经历"长者恋"这样一种感情经历。因此，当你在青春期遭遇"长者恋"困扰的时候，不必惊慌，也不必迷茫，相信自己能够走出这段感情历程。

这是由于你们青春期女孩进入"心理断乳期"后，有了强烈的独立意识，把对父母的依赖迁移到对同性或异性友谊上，由于女中学生在生理上及心理发育上总比男中学生要早一两年，当情窦初开的少女进入"对异性的接近时期"时，同龄少男却还处在"对异性疏远期"或"对年长者的向往期"，依赖他们没有一种安全感，于是那些有智慧、有才华、充满成熟之美的人，会不知不觉地闯进女孩心中，女孩把他们当作自己崇拜的偶像，并为此编织美丽浪漫的梦。

其实少女对老师或者长者的这种感情并不是真正意义上的爱情，仅仅是一种欣赏、一种迷恋，是默默地向往，并将对象偶像化，这在心理学上称为"牛犊恋"。其体验的是强烈的精神依恋，所产生的感情也是一种肤浅的感情。

所以说长者恋是在特定的年龄阶段所特有的一种情感，不一定与爱情有关，青少年的这种情结多属一种纯真的精神人格向往，是青少年性意识、性行为发展过程中的一种奇特现象，是处于青春期的少数青少年可能产生的一种正常的阶段性心理现象。特别是从小失母、幼年丧父或父母离异的单亲家庭女孩，这时很容易对年长异性产生好感。"长者恋"男女青少年都有，但以女孩居多。

但是，如果你过于痴迷年长异性，陷入"单相思"不能自拔，那只能是苦苦地折磨自己了，这样不仅会使女孩纯真的感情一次次受到严重的伤害，也会因"长者恋"这一时期过长，可能就失去了与同辈异性交往的时间，往往会出现害怕与同辈异性交往，或过分地批评、看不起同辈异性等现象，有了这种心理障碍，在青春期的下一阶段恐怕也难以顺利渡过。

因此你一定要注意克服"长者恋"倾向，平时注意多同异性交往，尤其是与同龄的异性交往。在广泛的交往中，可以克服对异性的神秘感，减轻头脑中个人主观的幻想成分，更多地发现同龄异性的优点。也可用其他有益的活动来转移自己的注意力，把精力投入到学业中。一般说来，这种对年长者的迷恋会在一至两年内逐渐消失，你就会过渡到把同龄异性作为向往、眷恋的对象，进入性意识发展的第三和第四个阶段了。

3.
我的表白被拒绝了,好伤心

女儿的烦恼:

小寒是初三女生,初二时,暗恋同班男同学小涛,虽然他们交往次数不多,但他给小寒与众不同的感觉。在一次学校组织的植树节活动中,他们被分在一组,下山时小寒崴了脚,小涛帮助小寒把铁锹拿回家。那以后每天上学,见不到他,小寒就觉得心里缺少点什么。初三了,一想到中考后他们就各奔东西,小寒不想留有什么遗憾,于是初三开学不久,小寒就给小涛发了信息,通过短信表达了自己的感情。

小涛接到小寒短信的晚上,回复她说:"学业太忙了,现在不考虑这事"。这让小寒伤心不已。那天晚上小寒一夜未合眼,第二天一大早,小寒顾不上室外下着小雨,在外边漫无目的地走着,后来又去网吧待了半天,中午吃饭时才疲惫不堪地走回家里。

妈妈给小寒找来干爽的衣服换上,又帮助她擦干被雨水淋湿的头发,在妈妈关切的询问中,小寒跟妈妈说起了自己的心事:"妈妈,我喜欢上了班级里的一位男生,向他表白了,可是他委婉地拒绝了我,我非常伤心。"

妈妈说:"原来你今天是为这事伤心啊,表白被拒绝了,就把它当作一种经历好了。在你表白之前也想好了种种后果吧,既然如此,你完成了自己所能做的事情,坦然接受后果就可以了。努力过,就不会后悔。表白失败伤心是难免的，但也不能沉浸在悲伤之中，你应该想办法走出来继续自己的生活。"

妈妈对女儿说的悄悄话：

女儿，当你爱恋一个人，并且表白没有得到回应时，不要伤心，不要惆怅，把它当成一种成长经历好了。

女孩走进青春期后，就面临生理、心理的巨变，此时期被称为心理的"第二次断乳"。青少年一方面要摆脱父母的管束，要求独立；另一方面，要寻找同伴归属感，并努力赢得同伴认可。

在这一时期，青少年会对异性产生好奇心理，也易产生朦胧的需求和爱恋。但青少年的性的冲动、情感的冲动，往往是一种原始的性生理成熟的自然表现，不具备社会性，因此早恋的成功率极低。

此时的少男少女，很容易把对某一位异性的好感看成是"恋爱信息"，因此，你们的恋爱对象是多变的、不稳定的。现在处于中考前的重要时期，如果早恋，成绩下降是必然的。即使俩人相恋了，也许今天两个人还很投机，几年以后就可能分道扬镳了。因此对于这种游戏式的早恋，既然对方没有答应你，你就没有必要为此而苦恼，你应该从这种感情中解脱出来。

其实在青春期对异性有了好感并不要紧，但要小心处理好这种感情。喜欢上一个人并表白了没有错，最起码对方知道你的心意，如果有缘，将来再接触吧，那时可以从普通朋友做起，了解对方是否真的是你要找的另一半。

在青春期，这个十几岁的年龄，是一个广泛与异性交往的"前择偶期"。你只要通过与不同类型的异性进行开放式的交往，才可能对异性的心理行为有一个切实的了解,从而学会与异性交往,这样有利于自己将来的生活,能更好地选择适合自己的配偶。

你还要有意识地创造条件,多阅读青春期刊物,要从正确渠道学习性的知识,满足对性的好奇心和求知欲,多了解自己和异性性生理发育的过程,了解青春期的躁动是一种正常现象,是青春期性生理和性心理发育的自然本能导致的,这样就打破了异性在心里的神秘感。所谓早恋,不过是在青春期对异性的一种朦胧的好奇与向往。

4.
为什么我不像小时候那样喜欢和男生玩了

女儿的烦恼:

女生小晖是个大大咧咧的女孩,自小就活泼可爱,喜欢扎堆,许多男孩都是她的好朋友。进入初中后,尽管妈妈一再叮嘱她注意举止,要有淑女风范,可是她仍然喜欢和男孩子在一起打闹。

近来,她觉得和男孩子玩没有小时候那么快乐了,因为在与他们无拘无束的交往中,她先是遭受青梅竹马的异性小伙伴的疏远,接着又收到一个高年级男生的情书,让她不知如何是好,后来还遭到一个男孩的骚扰。于是小晖再也不像小时候那样喜欢和男生一起玩了。但她在心里也有了疑问,这是为什么呢?

那天小晖回家跟妈妈说起自己的一桩桩烦恼,她问妈妈:"是不是进入青春期后,男女之间再也不会像童年时那样单纯了?"

妈妈说:"对呀,在青春期之前,尽管男女儿童在游戏中会扮演不同的角色，但是儿童的性意识尚未觉醒，因此在交往中还不会过多考虑同伴的性别因素。但是青春期后，随着男孩女孩性意识的觉醒，在与异性交往中，要学会把握分寸。"

妈妈对女儿说的悄悄话：

女儿，进入青春期后，随着青春期男女的交往，你会发觉异性之间的友谊已经跟儿童时期不一样了。

这是因为进入青春期，随着青春期孩子身体的迅速发育，她们开始感到了自己与异性的不同，此时青春期男女会一改儿童时的两小无猜、无拘无束，发展到了探索性交往的阶段。异性间先是羞涩、排斥、疏远，而后又开始悄悄地关注异性，希望接近异性。此时他们对异性很敏感，充满好奇，与异性交往也会很敏感，很容易把异性间的友谊与恋爱相混淆，因此在与异性交往中，把握分寸很重要。

首先异性同学之间不要有过多的单独交往，中学阶段正值青春期，性器官和性机能日益成熟给中学生的心理世界带来了全新的感觉，所以异性同学间过多单独交往，会使同学迅速堕入情网，缠缠绵绵难以了断。

对于性格内向的人，这种过多的单独交往容易使你们产生内心向往、外表抵触的矛盾心理，时间长了会形成心理上的扭曲，进而产生对异性的恐惧心理，影响你们的健康成长。

青春期孩子自控能力差，异性之间过多的单独交往还容易让有的青少年陷入爱情的盲区，滑入异性交往越轨的深渊。

因此在青春期的男女交往中，作为女孩，你要注意，言谈举止要留有余地，不能毫无顾忌。谈话中涉及两性之间的一些敏感话题时要尽量回避，毕竟男女有别。男女生交往，既不要过于拘谨，也不应过分随便。交往中的身体接触要把握好分寸，女孩不要有轻浮的举动、轻佻的言辞，否则对方会把此当成性方面的暗示。交往中如果对方有轻薄的举动，一定要坚决制止。

男女同学在交往中既要无拘无束、坦诚相待、相互激励、共同进步，又要注意男女有别，适当把握异性之间交往的"度"，掌握好分寸。只要保持自然健康的心态，大方坦然地与对方交往，就能使异性交往健康顺畅地进行。

5.
男生都喜欢什么样的女孩

女儿的烦恼：

在初一时，小宁看到男孩就厌烦，到了初二忽然变得想和男孩说话了，在学习活动中有男孩在场才觉得有劲，和男孩一起做事总想显示自己，那天听班级男生私下说，小宁是班级最有魅力的女生，不仅学习好，长相也漂亮。小宁听后很快乐，从学校走到家，觉得浑身轻飘飘的，脸上也洋溢着快乐。

小宁对自己的感觉有些奇怪，那天回家就问妈妈："为什么班级男生的鼓舞会让人产生一种特殊的力量，这是不是不正常？"

妈妈说："在人际关系中，异性接触会产生一种特殊的相互吸引力和激发力，对人的活动和学习通常起积极的作用。这种现象称为'异性效应'。'异性效应'是一种普遍存在的心理现象，这种效应尤以青少年为甚。"

妈妈说:"在你们学校里,你会发现有两性共同参加的活动较之只有同性参加的活动,参加者一般会感到更愉快,干得也更起劲、更出色。很多男同学还爱在女生面前逞强,用带有冒险的'英雄行为'显示自己的力量;女孩子也好打扮自己,希望得到男孩子的注意。青春期的男女生还喜欢对异性同学评头论足,同时又都很重视异性对自己的评价,你听了男生的好评不也是很高兴吗!"

"对,"小宁不停地点头说,"我们班级就有您说的这些现象,妈妈,被男生称赞让我有种成就感,当然,这并不意味着我们会早恋。"

说到这里小宁有些不好意思,然后她又忍不住好奇地问:"妈妈,男生都喜欢什么样的女孩?有人说男生天生爱美女,这说的对吗?"

妈妈对女儿说的悄悄话:

身在校园,衡量男孩认可的女孩,大家最常采用的标准就是成绩,所以成绩是男生最看重的因素,成绩也是其他因素如形象、气质、性格、实力、未来等的源泉。

有人说,男生最关注的是女生的外貌,也有一定道理,因为男人天生就是视觉动物,但这里所说的容貌,不仅仅是表面的漂亮和美丽,还包括一些其他因素,如心灵、内涵、才智、情感等。

所以在中学时,男生关注女生最多的因素是成绩和性格,然后才是相貌。相貌中蕴含你的形象、气质等因素。比如在中学,如果成绩好会被称为才女,性格好会被称为淑女,长相好会被称为美女,最理想的情况当然是集三者于一身，这样的女生也不少见，需要在长久的生活中慢慢去沉淀，因为你只要做到了才女，就会塑造出良好的气质形象成为淑女，与你长期相处的人就会觉得你是真正的美女，这当然比第一眼看上去就是美女更具魅力。

如果未来踏入社会，大家最常较量的就是实力和成就，所以那时候你的实力和成就将决定你的气质和形象。

如果你想赢得异性的青睐，就要先让自己的知识丰富起来，还要注重发展自己的能力。

6.
怎样才能不再暗恋一个人

女儿的烦恼：

15岁的小颖在两年前还可以把自己埋在书中学习，一心要考上好的大学。可现在不行了，她发觉自己偷偷地喜欢上班里那个身材纤长、会拉小提琴的男孩。他不但学习好，还是班级里的文艺骨干。

每天早晨去学校前，小颖都下定决心，绝不分心，可一进教室，目光就不自觉地搜寻他的座位。有些场合，有他在自己就会很开心，看到他对别的女孩有说有笑，她就会难过。

小颖觉得自己和班上好多男生都相处得很随便，唯独对他，心里总有一种说不出来的感觉，总幻想着一些什么，弄得自己整天没心思学习。小颖很想摆脱这种感觉，她为此很自责，但又不知道该怎么办。

那天小颖和妈妈一起做家务,惆怅中她跟妈妈说起了自己的心事。

妈妈说:"小颖长大了,开始暗恋了。"

妈妈说:"暗恋,简单地说,即是对异性没有说出来的喜欢。可以是单方一厢情愿的暗恋,也可以是双方互相暗恋,但不会将爱慕行为表现出来。暗恋的现象出现于广泛的年龄层,但青春期孩子最多,因为中学生处于情窦初开的懵懂年龄,很容易对异性产生好感,而大多数都属于暗恋。"

"你是说,暗恋是中学生的普遍现象呀?"小颖变得轻松起来。

妈妈说:"暗恋,对于正处在花季的青少年来说,是很普遍的现象。这是因为进入青春期的少男少女,随着体内的性激素含量激增,行为上也一反往日对异性疏远的现象,开始对异性亲近、向往和眷恋。他们对异性普遍好奇,希望了解他们,渴望与异性同伴相互来往,学习成绩突出者更具吸引力。"

小颖说:"对,我就是这种感觉,不光我有,我闺蜜小霞也有,她暗恋的是隔壁班的男生。"

"那怎么办呀?"小颖焦虑地问道。

"想办法摆脱呀!"妈妈说道。

妈妈对女儿说的悄悄话:

女儿,当你被暗恋的情感所缠绕时,不必忧虑,也不要纠结,相信自己能够正确对待这种感情。

首先你应该从观念上认识到自己产生这种现象是正常的,暗恋是一种很普遍的现象。不要以为是自己的思想不健康,反感这种现象出现，这是因为心理学上有个逆定律，你越是想克制它不出现，这种情愫反而出现得更多。因此你可以接纳自己，允许它出现，任凭它存在，带着这种情感去做你该做的事。

暗恋还有个特点，就是过于美化心目中暗恋的人。处于青春期的孩子，总是喜欢沉浸在幻想之中，这个年龄阶段也是单相思的多发阶段，当你把爱欲投注于一人的时候，这个人的光环就越发艳丽灿烂，甚至他的缺点也成了他的魅力所在。

因此单相思或暗恋有个最大的心理误区，就是把心目中暗恋的人过于美化，一些人甚至出现渴望与对方交往又怕交往的现象。如果不想被这莫名其妙的烦恼、朦胧的爱意牵着鼻子走，就要破译这种"朦胧爱意"的奥秘。

在平时你可以采取积极大方的态度，利用集体活动等机会去与他谈话，通过逐步地接触，这样可以减缓紧张感，恢复正常心态，也会消除异性之间的神秘感。还可以列举所喜欢的人的缺点，在心理上给自己一个暗示，进而能冷静、客观、全面地去看待偶像，让偶像从"神"变成"人"，通过逐渐淡化光环，炽热的感情也会慢慢地降温，然后让自己主动放弃对方。

事实证明，交往的人越多，对异性和自己越能有清醒的认识，通过"见多不怪"，逐渐就能坦然面对异性，也会淡化对某一个人一厢情愿的感情。要有意识地转移注意力，主动地投身到其他活动中，把生活安排得紧凑些，暗恋的烦恼自然就会逐渐消除了。

因此说，暗恋是一种普遍现象，我们应该理智地看待这种情感，如果你是处在一种淡淡的、甜甜的单相思中，这是很正常的，但过分的相思就是一种病态了，如果偏执程度严重，需要在医生指导下接受系统的心理治疗。

7.

我和他只是朋友，但同学却说我早恋

女儿的烦恼：

晓琴是个活泼好动、表现力很强的女生，她喜欢跳舞，也很喜欢旅游。进入初中后，新年联欢时，她参加了学校组织的文艺排练，与班级文委有过几次接触。文委是节目主持人，钢琴弹的好，让她十分羡慕。在演出结束后俩人依然保持友好关系。

有一次，班里组织去植物园。晓琴和文委走在一起，他们一边观看各种植物，一边热烈地讨论着，快要集合回校了，两个人一起朝校班车走去时，突然，晓琴被路面上一块凸出的石头绊到，她大叫一声："哎呀"，然后身体趔趄着朝路面上倒去。一旁行走的文委，急忙伸出手来拽住晓琴的胳膊，把她拽了起来。班里几个同学看到了，开始起哄："看看这对小恋人，互相之间多体贴啊！"

晓琴的脸唰地一下就红了，文委也很是尴尬，晓琴急忙解释道："我们是纯洁的友谊。"但大伙并不相信她的解释，从此，班级里大伙开始传他们早恋，两个人再也不能很自然地交往了，他们很是困惑。

晓琴为此事很郁闷，一天晚上，在跟妈妈一起吃饭时，小琴生气地跟妈妈说起她和文委被同学误解的事情来。

妈妈听后说："在我们的学习、生活中，男生和女生相互学习、交流是再正常不过的事情，男女生之间的正常交往代表了一种纯真的友情，男女同学经常在一起可以取长补短，同时可以避免个性向狭隘的方向发展，使得双方性格更完善。但由于青春期是性意识开始发展的重要时期，因而少男少女都会对异性充满好奇、对异性很敏感。相应地，他们对异性交往也会很敏感，很容易把异性间的友谊与恋爱相混淆。"

"噢，我懂了。"晓琴醒悟道，"她们误会我们了，那我们以后怎么办呢？"

妈妈说："不要为此事焦虑，理解这种现象，相信真相总有水落石出的一天。"

妈妈对女儿说的悄悄话：

人是一种感性动物，在社会生活中会自觉不自觉的产生许多种对交往对象的情感，其中"好感""喜欢"和"爱"等可以说是同一大类的情感。许多青春期男孩女孩，不仅不会区分，甚至还会混淆。

所谓友谊是人们在交往活动中产生的一种特殊情感，是相同的兴趣爱好、性格相似或互补的人结成的一种彼此关心、互相帮助的友谊，是一种来自双向的情感。其实许多青春期男女在相互交往中对异性产生的好感常常只是一种友谊。

爱情和友谊有很多不同，爱情有三个最重要的因素：一是恋人之间会彼此高度关怀对方的情感状态，感到使对方快乐和幸福是自己的责任；二是恋人在感到孤独时，会高度寻求对方的慰藉，这种需要别人不能替代；三是恋人之间有着特殊身体接触的需要。

通常情况下，一个成熟的青年人可以明确区别自己对别人的感情是喜好还是爱情，而刚刚进入青春萌动期的少女少男，还没有学会细分这些情感，少女少男性意识刚开始发展，对异性充满好奇，对异性很敏感，对异性交往也很敏感，很多人都把好感、喜欢和爱混为一谈，很容易把与异性间的友谊与恋爱相混淆。甚至会把自己对偶像的崇敬、尊重、对长者的依赖与喜好情感与爱情混淆。这不但影响青春期孩子的正常生活，还会影响与异性的正常交往，甚至引起一些不必要的误解。

因此，当你在校园里，与异性间的纯洁友谊被同学们误解为早恋时，不要焦虑，要理解这种现象。青春期男女在相互交往中产生了对对方的好感，这常常只是一种友谊，是一种很正常的现象，作为青春期的少男少女，要大大方方地交往，这样你既能为获取纯洁异性友谊而欣喜，又能缓解外界给心灵带来的压力。时间久了，那些被说成早恋的谣言也会不攻自破。

对于青春期女孩而言，学会把握好友谊的尺度，是我们能正确处理异性交往关系的重要条件，也是人格健全发展的重要条件。

8.
早恋有什么危害

女儿的烦恼：

15岁的小莲是个活泼好动的女生，爱好体育，进入初中后，在一次学校组织的运动会中，和体委晓威接触较多，晓威是校篮球队的主力，他俩都是长跑健将，俩人有许多共同话题，渐渐的，小莲心里有了他的影子，每次进教室时，总会不自觉地寻找他的影子，看到他与别的女孩聊天，心里就不高兴。

当小莲升初二的时候，晓威送给她一封情书，表达了自己的心意，小莲心里既高兴又惆怅，她渴望与自己喜欢的男孩交往，可是想起母亲反复叮嘱她不要早恋，这让小莲很惆怅。

小莲觉得，如果这算早恋，那么早恋是件挺快乐的事情呀，为什么父母都反对早恋呢？那天晚上她写完作业后，见妈妈在客厅看电视，电视里演一部爱情剧，小莲就在妈妈身边坐下来，她问妈妈："为什么大人可以恋爱，却反对孩子早恋，早恋有什么不好吗？"

妈妈说："早恋，指的是未成年男女建立恋爱关系或对异性感兴趣的行为，也叫作青春期恋爱，青春期恋爱和成人恋爱是不同的。青春期的少男少女只是从其自身的生物性出发，较少考虑人的社会属性。因此早恋的友情是充满变化、极不稳定的。早恋过程不但影响学业，还常常令双方的心理造成痛苦，不利于青少年身心成长。若男方一时冲动有了性行为或导致女方怀孕，对女方身心伤害较大。"

"而成人的恋爱是一对男女基于一定的社会基础和共同的生活理想在各自内心形成的相互倾慕，并渴望对方成为自己终身伴侣的一种强烈、纯真、专一的感情，成人恋爱的目标很明确，就是要结为夫妻，要互相为婚姻关系、为家庭关系承担责任。"

听了妈妈的一席话，小莲若有所思，她说，"既然早恋是一朵不结果实的花，那我们就继续保持那种单纯的友谊好了，至于恋爱，等我们长大了再说吧。"

妈妈对女儿说的悄悄话：

有人说，早恋是一朵不结果实的花。的确，早恋会对中学生的学习和生活造成很大影响，认清早恋的危害，对于青少年是很有帮助的。一般认为，早恋在以下几个方面危害青少年学习、生活和身心发展：

早恋对中学生的学习干扰极大。许多少年因为早恋，无法全身心地投入学习，导致学业荒废，影响了自己的前程。由于早恋是一种不稳定的情感，青少年心理上不成熟、脆弱，容易在感情的波折中受到伤害。早恋者还易出现性过失，青少年控制力差，行为容易冲动，易凭一时兴致而不计行为后果，一些越轨行为导致女孩未婚性行为、未婚先孕，对女孩身体和生活产生的严重影响往往是难以弥补的。

中学处于人生转折时期，太多的因素都会使早恋中途夭折。而且，早恋还会影响学校风气。早恋的男女学生热衷于单独与恋人在一起，长此以往，这种二人世界会逐渐脱离大众，与集体和同学逐步形成隔阂，对自己成长不利。

因此，女儿，当你步入青春期后，一定要学会慎重地对待感情，要提高认识，正视早恋。多阅读青春期刊物，要从正确渠道学习性知识，以打破男女间神秘感，了解青春期的躁动是一种正常现象，所谓早恋，不过是在青春期对异性的一种朦胧的好奇与向往。

9.
异性交往,要学会彼此尊重

女儿的烦恼:

13岁女孩小琏上初中进入新班级后,在与人交往时心里有了迷茫,尤其不知怎样和男孩子交往。她发觉同桌女孩小茹特别喜欢和男孩说话,一下课就往男同学堆里凑,男同学们还不怎么喜欢搭理她。小琏的另一个好友小燕却拘谨的几乎不和男同学说话,班级里的男生主动和她打招呼她也不理,小琏很想与男同学保持一种正常的友谊,可是不知道应该怎么做。

一天回家,小琏和妈妈谈起自己的困惑。妈妈说:"在我们的学习、生活中,男女生难免互相交往,男女生之间的正常交往代表了一种纯真的友情,因此青春期女孩,学会与异性交往,既有助于身心健康发展,也有助于将来的择偶婚配。首先,青春期男女生经常在一起学习可以取长补短,差异互补,提高自己的智力活动水平和学习效率。其次,两性在情感特点方面也是有差异的,通常女生的情感比较细腻温和,富于同情心,有使人宁静的力量,男生的苦恼、挫折感可以在女生温柔同情中获得安慰;而男生粗犷、外露、有力的情感可以消除女生的愁苦与疑惑。由于男女个性不同,男女生交往可以使个性相互渗透,互补。只在同性范围内交往,我们的心理发展往往会狭隘,而既与同性又与异性交往,会使女生性格更为豁达开朗,意志也更为坚强。"

"妈妈,与异性交往有这么多好处呀,那与异性如何交往呢?"小琏开心地问道。

妈妈对女儿说的悄悄话:

进入青春期后,许多女孩都有类似的经历,在与异性交往时不知道如何把握分寸,这不仅影响青少年的学习,而且对于青少年个性及心理的全面发展极为不利。因此学会与异性交往,既有助于青少年身心健康发展,也有助于将来的择偶婚配。

那么,作为青春期女孩,你该如何与异性交往呢?

与异性交往,要端正态度,培养健康的交往意识。交往时要落落大方,交往时要注意广泛交往,交往程度宜浅不宜深。广泛接触,有利于我们认识、了解更多的异性,并学会辨别异性,如果只进行小范围的交往,对异性的了解不但有限,也可能认识上有偏差,最好的方法,是利用每一次集体活动的机会,有意识地在广阔的范围内进行人际交往,这对你们青少年是十分需要的。

交往时的交往关系要疏而不远,若即若离,排斥让彼此感到不适,过于亲密会引起心绪波动,因此把握两人交往的心理距离很重要。在与异性交往过程中,注意言谈举止要留有余地,不能毫无顾忌。比如谈话中涉及两性之间的一些敏感话题时要尽量回避,交往中的身体接触要把握好分寸,如果对方有轻薄的举动,一定要坚决制止。女孩自己也不要有轻浮的举动、轻佻的言辞。否则对方会把此当成性方面的暗示,就会轻视你,或有图谋不轨的想法。

10. 网恋可以相信吗

女儿的烦恼：

16岁女孩子斯琪上网浏览时加入一个文学群，在群里认识了男孩文斌，俩人十分聊得来。那些天，斯琪和男孩每天一上网，就迫不及待地登录QQ，查看对方有没有在线。没多久，男孩子向斯琪表白，斯琪答应了。他们之间从无争吵，感情浓厚，男孩还说他父亲是某某公司的老板，有多少家产，能给她幸福，等等。

可是没过多久，群里一个男孩子告诉斯琪，文斌在现实生活中有女朋友了，而且，现实中他不过是个打工仔，之所以网恋只是寻找一点乐趣而已，告诫斯琪对于这段感情不要太认真。

当斯琪质问文斌的时候，文斌在网上突然消失了。

这件事情对斯琪伤害很大，她把事情的经过跟妈妈讲，并说："他为什么要欺骗我呢？"

妈妈说："网恋和真实恋爱从理论上讲是不同的，网上的东西很虚，网恋是不可以相信的。因为大部分网民都明白要自我保护，所以他们不写真名而是用网名。可是，对于涉世未深的青春期女孩来说，如果没有良好的心理素质和相应的心理准备，是很容易受到伤害的。因此，对网恋要进行理性分析、正确认识。"

妈妈对女儿说的悄悄话：

随着互联网的发展，网络化情感"网恋"也应运而生。在许多人看来，网恋既虚幻又浪漫，似乎能给生活增添不少绚丽色彩。可是，对于像你这样涉世未深的青春期女孩来说，如果没有良好的心理素质和相应的心理准备，是很容易受到伤害的。

现在网上良莠不齐，有的网恋者幻想能在网络上得到超越一切世俗的纯真爱情，因为网络间少了生活中的各种磕磕碰碰，少了许许多多应负的责任，少了有矛盾时面对面的尴尬。因此这种恋情具有很大的虚幻性，不具有现实的生命力。这种恋情只适合生存在虚拟网络社会里，得到的东西只是虚拟的，网上的事不能当真。

网恋者还有一种心态，只是想在网络上体验一下交友的感觉，他们既无心真诚地爱对方，也无意对自己的言行负任何责任，只想在网上潇洒乐一回，从不将此事当真。因此他们心里很清楚，所谓的"网恋"就是玩玩而已，根本就不可能投入真感情。在现实生活中张口说出"我爱你"这三个字太难，但在网上可以随心所欲地说，这种体验既过瘾又安全，因为只要一关机便可全身而退了，因此你们未成年女孩在网恋时千万要注意。

网络上还不乏做爱情游戏的人，或者心怀不轨的骗子，而青少年由于长期在学校这个象牙塔里生活，对于社会的认知程度不够，往往难以明辨是非。有不少居心不良的人，专门利用网恋进行欺诈，骗财骗色，使不少缺乏社会经验的未成年人深受其害。因此，你们女孩上网不能轻信网友的话，不要单独去与网友会面。实在要见面也得有大人的陪伴，与网友交往一定要将行踪告诉家人。

网络上虚假的信息也很多，许多个人信息都是胡编乱造的。你们在上网时也要注意，尽量不要随意就把自己的个人信息提供给陌生网友，或者注册某些不知名网站，这些真实的个人信息可能会给自己带来不可预知的损失，不利于保护自己。

你们青少年上网时，千万不要把网络和现实世界混淆，不要把网络作为一个永久的精神寄托场所。有些青少年深陷于网络之中不能自拔，模糊了虚拟和现实世界的界限，对自己的健康成长十分不利。长期陷入网络，当你面对现实时会有不适应感和无力感，甚至会引起人际交往的退缩。

11.
为什么那么多女孩喜欢追星

女儿的烦恼：

上初中的女孩小昕最近疯狂地迷恋上了追星，她特别崇拜周杰伦，每次电视上出现他的画面，她都目不转睛、一脸崇拜地看着，她在日记里也写上自己如何喜欢周杰伦，喜欢听他的歌，在家张嘴闭嘴就是讲明星。房间里也贴满了明星的海报、明星的照片。

一天吃晚饭的时候，小昕随口朗诵起周杰伦唱的一首歌的歌词，妈妈笑说："你在家张嘴闭嘴都是他和其他明星，一点儿都不把心思放在学习上。"

小昕说："歌手、影星、球星是我们班级里的女生们最喜爱的话题啦，我们还喜欢像明星那样装扮自己。妈妈，我也奇怪，我们小时候都不这样呀，为什么青春期那么多女孩都喜欢追星？"

妈妈对女儿说的悄悄话：

在当今社会，追星是一种很普遍的现象，是学生或一些年轻人一种正常的心理需求和行为表现，青春期女孩追星的一个原因是你们女孩在这一阶段处在"艺术敏感期"，其行为很容易受明星影响，出现崇拜歌星、影星，并模仿他们的装束乃至习性癖好的行为，追星也是青少年社会交往的需要。明星是你们谈论的重要话题，如果发现他人的偶像与自己不谋而合，可能因此就和对方建立起友谊，有的孩子则喜欢通过炫耀对明星的熟悉来获得同学的瞩目。

青春期女孩正处于自我发现和自我确立的时期，你们希望建立自己的价值体系，需要一个模式来参照，而明星会以其靓丽的外表和出众的气质赢得女孩的心，成为你们所想要赶超的目标、学习的对象、精神上的支柱。当你遇到困难时，想起自己的偶像曾遇到的困难，就会重新振作起来，勇敢地面对困难，并不断努力去克服困难。

追星，还让女孩孤独的时候，心里有了寄托。进入青春期后，中学生开始关注内心世界，有些事情他们不愿意和家长说，这时就会转向与内心偶像的交流，享受着遥远的亲密感，而明星离真实生活较远，可以任人将最美好的想象附着其上，充分满足了青春期男女的幻想欲与虚荣心。尤其现在大多是独生子女家庭，青少年很容易在某种程度上排斥与外界的接触，恋星能让少年男女们摆脱孤独。

在恋星中女孩还会对异性明星形成情感依恋，因为这时女孩的浪漫情怀和性意识已经开始萌动，而这些明星无一例外都唱着情歌，宣泄着某种似是而非的感情，迎合了青少年的心理状态，让青少年觉得像"说出了我的心里话一样"。当然恋星是女孩心理发育一种幼稚的、依赖的状态。当女孩们逐渐成熟后，建立起一个成熟的自我人格，对明星的迷恋也会自然消失。明星，注定成为青少年精神成长过程中的一个驿站。

但是，女孩如果在这一阶段迷恋过久，可能就失去了与同龄异性交往的时间，往往会出现害怕与同龄异性交往或过分地批评、看不起同龄异性等现象，这不但会对自己的成长不利，在青春期的下一阶段恐怕也难以顺利度过。

追星虽然是一种很普遍的现象，但追星有利也有弊，作为青少年一定要把握好分寸。

首先追星不盲目。选择明星不仅是吸引你的目光，更应该能震撼你的心灵。应善于从自己所崇拜的偶像身上吸取积极的人生经验，总结出偶像走向成功的秘诀，作为自己向上的动力和榜样。

其次不疯狂追星。不要过度花费时间和钱在追星上，摆正自己与明星的关系，要想到你为明星付出，明星根本不认识你，也不在乎你，我们正处在学习阶段，不应该花过多精力在追星上。

在选择偶像上要注重多元化，应更多地关注娱乐明星以外的杰出人物。对于偶像崇拜，不光体现在外表的模仿上，更应注重学习其吃苦耐劳、永不言弃等内在的精神。

第四章

性并不神秘,妈妈来给你解答

1.
爸妈亲吻之后，就生下了我吗

女儿的烦恼：

13岁的小红出生在一个幸福的家庭中，她的父母非常恩爱，对小红也非常疼爱。小红在无意之间，看见过爸爸妈妈拥抱亲吻的画面，在电视里还曾看到，男女恋爱时亲吻后就有了孩子，然后一家人其乐融融地生活着。小红觉得，自己也一定是爸妈亲吻之后生下来的孩子。

后来在学校的一次劳动中，小红不小心与同班男同学小强撞在一起，当时俩人一起跌倒，小红的嘴唇擦过小强的面颊，从地上爬起来后，俩人都有些不好意思，小强还说了声"对不起"。那天晚上，小红几乎一宿没睡。她想，自己这也算跟小强亲吻吧？自己会不会因此而怀孕呢？

小红因此有了心事，怀孕的事她不好意思咨询别人。那几天根本无心上课，作业也写不进去，整日忧心忡忡不知如何是好。那天晚上爸爸在单位加班，晚饭时只有妈妈和她一起吃，可小红什么也吃不下去，她问妈妈："是不是男女亲吻后，女的就会怀孕？我是不是就那样被你生下来的？"

妈妈看出小红很为此事纠结，就安慰地拉着小红的手说："你是为这事纠结的呀，怀孕跟男女亲吻没有关系的。那是妈妈体内的一个卵子和爸爸体内的一个精子在输卵管内结合形成了受精卵形成的小生命。"

"原来怀孕的过程是这样呀。"小红听后轻松地笑出声来。

妈妈对女儿说的悄悄话：

当你开始对女人怀孕、生育等生理现象好奇时，就证明你已经长大了。作为青春期的女孩，你有必要了解月经、排卵与怀孕的关系了，了解一些有关人类出生的奥秘。

一般来说，女孩到了青春期且出现了月经，就有了生育能力，特别是出现了比较规律的月经时，就表示她已经能够排出卵子。通常，每一次月经来潮都标志着卵巢排出一个成熟的卵子，而这就表示她有了怀小宝宝的能力了。

当妈妈和爸爸决定要一个小宝宝时，妈妈的这个成熟的卵子和爸爸体内的一个精子就会在妈妈的输卵管内结合，它们形成了一个含有46条染色体的细胞，在这46条具有遗传基因的染色体中，23条来自父亲，23条来自母亲。在细胞核内，染色体互相缠绕、混合，经过一系列的分裂发育后，受精卵就逐渐植入妈妈的子宫内膜，形成了胎儿，胎儿会在妈妈的子宫内依靠胎盘提供的营养慢慢成长，经过大约10个月后，小宝宝就可以出生了。

在整个受孕的过程中经历了三个基本时期：排卵、受精、受精卵分裂。直到受精卵种植于子宫，才可以说受孕成功。

通常母亲的怀孕是很辛苦的，但是为了宝宝的健康成长，妈妈再辛苦也是高兴的。而我们人类，就是这样一代代繁衍延续下来的。因此作为女孩儿，在青春期发育阶段一定要注意保护自己的身体，要学会独立生活的本领，将来才有可能做一位合格的母亲。

2.
为什么精子会是小蝌蚪

女儿的烦恼：

15岁的小溪是初二的学生，她活泼可爱，性格开朗，喜欢学习。但是她有一个毛病，就是学习上偏科严重，每次考试时，英语成绩总是落后，但是她的生物课学得非常好。暑假里，她报名参加了英语辅导班，她还在自己家的阳台上，做了个小水池，在水池里放了一些小蝌蚪。小溪照顾蝌蚪非常有耐心，每隔一两天，她就要给水池换一次水，池内还放了一些水草，她用水藻、煮过的菠菜、煮熟的蛋黄等喂养蝌蚪，看着它们在水里游来游去的样子，她非常快乐。

一天，从英语辅导班放学回来，路过市政府附近的公园时，她看到有计划生育的宣传栏，其中一幅漫画十分醒目，漫画名为"人类的精子"，画面上有许多小蝌蚪在游动。哇，为什么精子会是小蝌蚪呢？好奇的小溪立刻被这幅画面吸引住了。

那天回家小溪就把自己的奇遇跟妈妈说了，然后好奇地问妈妈："什么是人类的精子，为什么精子会是小蝌蚪呢？"

妈妈说："精子是男性成熟的生殖细胞，它们长得很像小蝌蚪，精子的主要功能就是为了和母亲身上所产的卵子结合，形成受精卵，受精卵在母亲子宫里住下长成胎儿，母亲因此就怀孕了，然后诞生一个小生命。"

"妈妈，我的生命就是这样诞生的吗？"小溪开心地问。

"是呀！"妈妈说道。

妈妈对女儿说的悄悄话：

许多孩子在成长的过程中，都曾有过你这样的疑问：我是怎么来的，小宝宝是如何诞生的，为什么别人都说我长得像我爸爸。

这究竟是怎么回事呢？其实这都跟精子有关系。

生命的开始是卵子和精子。我们所说的精子，指的是男性或其他雄性生物的生殖细胞，卵子是女性或其他雌性生物的生殖细胞。精子通过与卵子结合从而形成受精卵，进而发育为胚胎达到繁衍后代的目的。

人类成熟精子形似蝌蚪，长约60微米，由含亲代遗传物质的头和具有运动功能的尾组成，通常精子从精浆中游出后，要穿越子宫颈、子宫腔、输卵管峡部，最后才能抵达输卵管壶腹部与卵母细胞相遇。与女性的生殖细胞卵子结合从而形成受精卵，进而发育为胚胎，在母亲的子宫里逐渐长大，大约40周左右，小宝宝就可以离开母体，一个小宝宝就这样出生了。

那么在平常生活里，你常听别人说你长得像爸爸，这是为什么呢？

这是因为在生殖细胞中，女性的卵子中包括22对常染色体和一对性染色体XX；男性的精子包括22对常染色体和一对性染色体XY。当精子与卵子结合成一个新生命——受精卵时，又合成了46条染色体。因此，人类子女的 46 条染色体中，23 条来自父亲，23 条来自母亲，来自父母双方的遗传物质共同控制着胎儿的特征。

人类的遗传，实际上就是通过男性的精子和女性的卵子结合，形成了受精卵，而把上一代的遗传物质——染色体、基因和 DNA 传递给了下一代，因此子女不仅遗传了父母的外形、面容、体态，还能遗传智商、性格、寿命等，某些疾病也会传染给子代。

所以说，我们每个生命都是世界上独一无二的个体，每个人都是生命的奇迹，我们一定要热爱生活、珍爱生命。

3.
生男生女是谁决定的

女儿的烦恼：

14 岁的女孩小娜暑假时去农村奶奶家度假，在农村她玩得非常痛快。暑假快结束了，小娜也要回城上学了。临走的前一天晚上，她早早地躺下睡觉了，睡意蒙眬中听姑姑说："看你对小娜，心疼成啥样子，当初你可一直盼着她父母能生个男孩。"奶奶笑了，奶奶说："早年农村喜欢男孩，是因为种地需要体力，现在随着科技发展，男孩女孩都一样了。"

小娜虽然当时没有吱声，但是从此她知道了尽管奶奶一直对她很好，可是当初他们盼的是男孩呀。她想："我为什么不是男孩是女孩呢，我要是男孩，奶奶会更高兴吧，生男生女是谁决定的？"

暑假结束后，她揣着这样的心事回家了，小娜回家后，见到爸爸妈妈很高兴，叽叽喳喳地说着她在农村度假的一些趣事。那天晚上，洗漱后的小娜和妈妈睡在一个被窝里，她想起心中的那个问题，就问妈妈："我要是男孩，是不是能更健壮些，能干更多的活儿。那生男生女是谁决定的？当初我自己能选择吗？"

妈妈听后说："生男生女不是人的意愿能左右的，是染色体决定的。胎儿的性别在受孕时就确定了。女儿，你是不是要了解你性别的奥秘呢？"

"嗯，是的。"小娜毫不迟疑地点了点头。

妈妈对女儿说的悄悄话：

许多孩子在成长的过程中，都会像你这样，对自己的性别好奇，为什么我是女孩不是男孩？生男生女到底是由谁决定的？

在我们人体每个细胞内有23对染色体，包括22对常染色体和一对性染色体。性染色体包括X染色体和Y染色体。妈妈的卵子中包括22对常染色体和一对性染色体XX；爸爸的精子包括22对常染色体和一对性染色体XY。妈妈卵子中的性染色体X如果与爸爸精子中的性染色体X结合，受精卵则发育成女性；妈妈卵子中的性染色体X如果与爸爸精子中的性染色体Y结合，受精卵则发育成男性。

因此，生男生女不是人的意愿能左右的，是染色体决定的。胎儿的性别在受孕时就确定了。这对性染色体决定了女孩不同于男孩的特点，当然，为了完成女孩的成长轨迹，X染色体需要一个得力的"助手"，那就是女性身上的雌性激素。在它的帮助下，女孩将显现出很多女性的特质，并出现第二特征，最后它还将促使女孩快速地成长为一个成熟女性。

不管你是男孩还是女孩,父母、亲人们都爱你。虽然性别是先天决定的,但我们仍然可以通过后天努力使自己成为一个有特性的人。

4.
什么是处女

女儿的烦恼:

一天,上小学六年级的晓霞放学后,好奇地问妈妈:"妈妈,什么是处女?处女膜重要吗?今天上生理卫生课应该讲处女膜,可是老师什么也没有讲,就是让我们自己看书。我的好朋友荃荃告诉我,处女膜是女孩最宝贵的东西,谁的要破了,谁就变成了坏女孩,就不是真处女了。"

妈妈说:"这是一种在传统观念影响下的不科学的说法。"

妈妈对女儿说的悄悄话:

女儿,在生活里我们有时会看到或听说过"处女"这个词,一些影视剧甚至将处女膜和处女联系在一起,甚至将它罩上一层神秘的面纱,这到底是怎么回事呢?

通常所说的处女是指未发生过性交行为的女子。长期以来的传统观念认为,处女膜就是处女的标志,处女膜的破裂就意味着女性不再是处女了。

要说清这个问题,首先咱们要了解下什么是处女膜。

其实处女膜就是女孩的一种性器官,是位于女性阴道口处的一块很薄、很细嫩的黏膜组织，呈一圈环形皱襞状。处女膜在你还是胎儿3~4个月时就出现了。一般少女的处女膜较小且较厚，随着女孩身体的发育成熟，处女膜会逐渐变得大而薄，并有相当的韧性。处女膜覆盖在阴道近外口处，中间有一个小孔，叫"处女膜孔"，月经时，经血通过这个小孔排出体外。如果膜上没有小孔，每月的经血就会被阻挡，在阴道积聚，并向上扩展到子宫腔和输卵管，甚至流入腹腔中，就会造成输卵管破损、肠管粘连、腹腔感染，这种现象在医学上被称作"处女膜闭锁"，必须施行妇科手术。

所以说，"处女膜孔"是女孩排月经时的必经之路。不光如此，处女膜对小女孩的生殖系统还有保护作用。青春期前，女性的生殖器官尚未发育完善，阴道的黏膜较薄弱，酸度也较低，因而不能阻拦细菌的入侵。而这时的处女膜较厚，也就担负起这一重任，起到保护女性生殖系统的作用。青春期以后，随着卵巢的发育，体内雌激素增多，阴道抵抗力加强，处女膜也就失去了作用。

但因处女膜距离阴道口较近，稍有不慎就会造成处女膜的破裂。造成处女膜破裂的原因有多种，有的女孩在参加跳高、骑马、武术等剧烈运动时导致处女膜破裂；有的女孩在用力清洗外阴、使用内置式卫生棉条不当时也容易导致破裂；女孩被迫发生性行为时，比如被强奸导致处女膜破裂；幼年无知，将异物塞入阴道以及自慰等也会使处女膜破裂。

因此说，传统上认为处女膜破裂意味着女孩不再是处女的观念是错误的。但处女膜作为自己身体的器官，女孩子一定要注意好好保护，要避免上述的一些行为对处女膜造成人为伤害。

5. 青春期的性幻想是正常的吗

女儿的烦恼：

14岁的女生小丽是班里的语文课代表，班级里的小辉作文好，她和他的来往比较多些，小丽觉得与小辉在一起很愉快。可是最近她开始想入非非，经常幻想和小辉在一起时的情形，每当看到电影中男女亲密的镜头，就会臆想自己和小辉在一起的情节，甚至上课时思绪也会开小差。小丽为此很烦恼，她担心被老师发现，也害怕被小辉知道，她开始变得不自然，甚至不敢抬头见他，责备自己思想太肮脏。然而她越是压抑自己，越控制不住自己的胡思乱想。

那个周末她在家做功课，电视里在播放爱情剧，一对热恋情人在海边相聚了，男主角含情脉脉地注视着女主角……小丽的思绪开起小差，幻想着她和小辉一起散步，小辉说："我要考上重点大学。"小丽说："咱们考一所城市里同一所大学吧。"想着想着，她不由地笑出声来。

"你怎么啦，喊你吃饭你也不去，只坐在那发呆。"不知什么时候妈妈走进来了，妈妈在叫她吃饭，而她沉浸在自己的幻想中，竟然没有听见。

"我，我，"小丽变得结巴起来，这样的事情怎好跟旁人说呢，可是她在妈妈面前从来不会撒谎。于是她说："妈妈，最近不知怎么了，我脑海里常幻想着和班里的那个男生一起玩耍，一起讨论功课，一起做好多事情，我也不想这样，可就是控制不住自己的大脑。"

"噢，那是性幻想。"妈妈说到，"性幻想是青春期男女性成熟后出现的正常的心理、生理现象，你不必为此紧张和烦恼。"

"啊，这是青春期的正常现象呀，我还以为是自己出了什么毛病呢。"小丽松了一口气说道。

妈妈对女儿说的悄悄话：

亲爱的女儿，当你走进青春期，随着身体的发育，会逐渐面临许多成长的困惑，性幻想是其中之一。

人在出生后，人的性腺基本处于沉睡状态，因此，儿童期不会产生性兴奋。到了青春期，少男少女的性腺开始发育并逐渐趋于成熟，在它的作用下，会产生性激素，在激素的作用下，人就会产生性意识，会有性幻想现象。心理学中，性幻想又称为"性想象"，是一种含有性内容的虚构想象。

如看到有关两性内容的书或电视，自己会产生莫名的冲动和兴奋，也会引起一些生理反应，会情不自禁地想入非非，有时还把自己曾在书籍、影视及网络中所看的两性镜头，经过大脑重新组合、加工，虚构出自己与爱慕的异性在一起。那情景就像自编的带有性色彩的"连续故事"，是人在清醒状态下对不能实现的与性有关事件的想象，在进入角色之后，还伴有相应的情绪反应，因此这种性幻想也称作"白日梦。"

因此作为青春期女孩，你不必为此烦恼，性幻想是青春期性本能的发泄形式之一。通过幻想，人们可以达到释放性的压力和张力。对人类而言，性幻想是普遍存在的，但因为青春期是人的黄金时期，青少年要做的事实在是太多了，决不可以沉湎其中。

所以，面对这种现象时要注意：青少年时期是学习的黄金时期，青少年要立大志，专心求知上进，不要让这种想象严重影响了学习。注意平时不要接触黄色淫秽书刊和影视，要注意把自己的精力集中到学习和其他丰富多彩的活动上去。要多参加课余活动，丰富自己的精神生活，有问题多向长者和父母求教。

人的大脑活动有一个特点就是同一时间只能有一个兴奋中心，当你满怀兴奋地去做不同的事情时，性幻想也就消失了。

6.

避孕套是什么

女儿的烦恼：

12岁的女孩小晴在上小学五年级，最近她发现班级里流行一种巨大的白气球，不知道是哪位同学从家里带来的，那种乳白色的小胶圈，口径如小学生嘴唇一样大。这种气球有点特殊，不像普通百货店里专门卖的彩色气球那么强韧难吹，比起普通气球来，它得皮质更薄更柔软些，小晴用小小的嘴巴对着圆形口沿就足以将它吹起来。吹足气后，她用皮筋或线绳扎紧口端，这只大气球便可以用手拍打了，小晴觉得它在空中飘浮的样子，如同一个白色的大西瓜。

小晴觉得那气球真好玩，放学后她把一个那样的气球拿回家玩，妈妈看后，满脸疑惑地问："小晴，你这气球是从哪里买来的？"

小晴说："妈妈，不知是哪个同学从家里带来的，好多呢，好几个同学都玩,我也要了一个。"

妈妈笑了笑,想说什么又止住了嘴。然后妈妈又说:"它根本不是气球,而是成年男人用的避孕套。"

"避孕套?"小晴惊奇地问,"避孕套是做什么的?"

妈妈说:"避孕套就是在男女亲密时可以阻止妇女受孕的物品。"

"哦",小晴又想起什么似的说,"妈妈,我两个月前就来月经了,我们班有些女同学也来月经了,来月经了就表示有怀孕能力了,可我们还不知道怎么避孕呢。"

妈妈说:"所以呀,当你进入青春期后,当你成长为有生育能力的女性时,你就有必要了解些避孕的知识,进而学会保护自己。"

妈妈对女儿说的悄悄话:

当你进入青春期后,当你成长为有生育能力的女性时,你就有必要了解些避孕的知识,进而学会保护自己。

安全套又叫避孕套,是目前应用最为普遍的一种男用避孕工具。正确使用避孕套,能阻止男性精子进入女子阴道,隔绝、阻止精子和卵子结合,所以女子不会怀孕,也不会发生宫外孕,还能降低梅毒、淋病、艾滋病等常见性病的感染率,可降低患子宫颈癌的概率,因此避孕套也被称为"安全套"。

这种避孕套就是年轻人最普遍使用的方法,男女性交时都可以采用这种方法避孕,还能预防一些性病传染。

此外还有一种紧急避孕药,在无保护性交或避孕失败的性生活后、在同房后72小时之内服用,能有效地阻止意外妊娠,使妇女免受流产之苦。

对于青春期女孩来说，了解避孕的一些方法，对她今后的生活有积极的指导意义，青春期女孩不适合有性生活，但女孩了解避孕方法，就可以在不可避免的性行为中保护自己。

7.
什么是人流，很痛吗

女儿的烦恼：

那个周五放学回家，小禾脸色惨白，神情惶恐，她跟妈妈说："我的闺蜜小函怀孕了，明天要去医院做人流，今天我去看小函，小函都哭了，弄得我一天心绪不宁。"

妈妈问："是常上咱家和你一起做作业的小函吗，那女孩挺单纯的，怎么怀孕了？"

小禾说："上学期一次下晚自习回家的路上，小函被几个社会上的小混混纠缠，是男同学晓波赶过来救了她，此后她对晓波产生一种特殊感情，发生性生活是晓波一时控制不住，没想到酿出这么严重的后果。事情发生后，晓波不知如何处理此事，只在电话里说让她做人流，连面都不敢见。"

"妈妈，什么是人流呢？"小禾问。

妈妈说："人流就是用人工或药物方法终止怀孕。这是作为避孕失败意外怀孕的补救措施，比如怀孕母亲因疾病不宜继续怀孕，或者为预防先天性畸形儿而需终止怀孕的行为。"

小禾问："那青春期女孩子怀孕了，就得做人流吗？"

妈妈说:"青春期恋情跟成人那种以婚姻为目的的恋爱有很大的差别,通常青春期女孩怀孕就得做人流。"

"那人流会不会很痛?"小禾问。

"当然会很痛了,你想将长在母亲子宫上的一坨肉拿掉,不管是什么方式,都会很痛的。而实际上,肉体的损伤很快就会修复,但人流对女孩精神的打击不是一天两天就能恢复过来的。"妈妈语重心长地说。

妈妈对女儿说的悄悄话:

就像一年有四季一样,每个人都有自己的生长发育周期。

通常女子怀孕生殖是在成人期,因为那时进入了婚姻殿堂,有自己的配偶,并且有稳定的收入,身体心理也已发育成熟,能从容迎接他们孩子的到来,可以保护孩子在幸福而和睦的家庭中生长。而处于青春期的少年男女,身体尚未发育完善,心理尚未稳定成熟,处于为今后立足社会做准备的阶段。青春期的恋情,跟成人那种以婚姻为目的恋爱有很大的差别,通常青春期女孩怀孕就得做人流。

现在女性意外怀孕时,大部分都会选择人流,因其安全性相对于药流较高,女性做人流的较佳时间是在怀孕 35～55 天。在怀孕 35 天内的,胚胎刚刚发育,还很小,很容易造成手术失败或流产不完全。怀孕超过 8 周以上的,胎儿骨骼已形成,做人流对子宫和身体伤害较大。怀孕超过 3 个月就只能做引产了,不但对身体伤害非常大,手术后身体恢复也较慢。

少女怀孕做人流一定要把握最佳时间,以便将自己身体的损伤降到最低。女孩应知道,人流对女孩身体伤害较大,反复多次人流危害极大，不但会引起一些妇科疾病，多次人流还会导致女性不孕、宫外孕概率的增加。

女孩在平日里一定要爱惜自己的身体，要避免性生活。因为青春期女孩身体各部分器官正处在生长发育阶段，尤其是内外生殖器还没有完全发育成熟，性生活对身心的伤害很大。

因为性交时可造成处女膜的严重撕裂，同时还会不同程度地将一些病原微生物或污垢带入阴道，而此时女性自身防御机能较差。现代医学研究证明，20岁以下的青春少女所患的宫颈癌与性生活不洁有密切关系，有些病症当时没有显现，以后会影响你的正常生活。

因此无论面对怎样的诱惑，女孩都要保持头脑清醒，学会对男友的性要求说不。

女孩应该知道，在青春期的时候，少年男女随着生理发育，性心理和行为上也有显著变化，最突出的表现是对异性产生一种难以消除的兴趣，一种爱恋、思慕、亲近的情感，它们在很大程度上是由于性发育过程中性激素加速分泌产生的。青少年这种性萌动的体验，常常是性本能的冲动，如果对自己的性冲动不能很好地加以控制和约束，就很容易做出不理智的行为，带来各种不良的后果，而青春期的男孩还没有足够的能力来承担这些后果。

当然，作为如当事人小函一样的女孩，在以上这些事结束后，就应该重新扬起生命的风帆，继续前进了。在人生的道路上，什么挫折，什么不幸都可能发生，一棵有顽强生命力的树在霜欺雪虐以后，仍会绽放出鲜艳的花朵来！

8.
为什么有人会生下双胞胎

女儿的烦恼：

妍妍班级里有一对姐妹叫大双二双，她们是双胞胎，长相、气质等都像是一个模子刻出来的。姐妹俩都爱好文艺，常代表班级甚至学校登台表演。无论在台上还是校园里，大双二双总是比一般人更吸引眼球，也是大伙儿都喜欢谈论的对象。

平素妍妍最喜欢谈论她班里双胞胎的趣事了，因为她俩长得像，弄出好多笑话。比如某天，某同学把跟大双借的钢笔还给了二双；二双在大街上拾到一个钱包并送到了派出所，派出所的人领着失主来学校感谢拾主拾金不昧时，对大双好一顿感谢表扬，大双还不知原因；妍妍有次就认错人了，妍妍是班级语文课代表，有次语文老师让妍妍把大双找来，结果她通知了二双，发现错误后她好一顿自嘲。

妍妍非常羡慕大双二双的出双入对，妍妍好想自己也有个这样的姐姐或妹妹，她奇怪妈妈当初为什么不生双胞胎。

那天学校联欢会回来，妍妍沉浸在对双胞胎表演节目的喜爱中，回来后就问妈妈："为什么有人会生下双胞胎孩子，有人就生一个孩子；为什么我不是双胞胎？"

妈妈说："能够一次拥有两个宝宝，是许多想当妈妈的人梦寐以求的，但是生双胞胎受多方面因素影响，双胞胎会让妈妈很辛苦。"

妈妈对女儿说的悄悄话：

在生活里，我们常能够看到双胞胎或多胞胎现象，许多独生子女像你一样，渴望能再有一个兄弟或姐妹，双胞胎作为人类生殖繁衍中的一种特殊生理现象，他们总是比一般人更吸引眼球。

通常情况下，妇女每月排卵1次，有时因某种原因会同时排出两个卵子并同时受精，就产生了两个不同的受精卵在母亲子宫着床的情况。这两个受精卵各有自己的一套胎盘，相互间没有什么联系，叫作异卵双胎。出生时性别若不同，就被称为龙凤胎。

还有一种是单卵双胞胎，单卵双胞胎是由同一个受精卵在子宫内还没着床就分裂成两个细胞了，形成两个胚胎，双胞胎共用一个胎盘。由于他们出自同一个受精卵，接受完全一样的染色体和基因物质，因此他们性别相同，出生后就像一个模子里出来的，有时甚至连自己的父母都难以分辨。

能够一次拥有两个宝宝，是许多想当妈妈的人梦寐以求的，但是生双胞胎受多方面因素影响，因为一般情况下，女方在每个月都只排出一个卵子，少数情况下会排出两个卵子，两个卵子都受精了，就有机会生双胞胎了。

而且双胎妊娠有家族遗传倾向，不管是男方还是女方，只要直系亲属中有双胞胎的，那么再生双胞胎的概率就比较大了。

双胞胎是人类生殖繁衍中的一种特殊生理现象，近年来，我们甚至还会看到三胞胎、四胞胎、五胞胎等多胞胎现象。多胞胎有两种，一种是同卵多胞胎，发生的概率偏低，另一种是异卵多胞胎，发生的概率高一些。

现在多胞胎现象较以前多了,是因为女性孕前服用叶酸,会增加排卵的次数;辅助生育技术的发展及试管婴儿的出现,也导致了多胞胎的增多。

人们大多会因为生下双胞胎而喜出望外,但从优生学的角度来考虑,母亲一下子怀上好几个孩子不一定是一件好事。因为母亲的子宫就像一个小房间.如果小房间住进去一个胎儿,环境会很宽松。如果一下子住进来两个或多个胎儿,子宫内的环境将会变得比较拥挤,羊水、血等营养分配等将会变得捉襟见肘。由于子宫腔和胎盘是有限的,双胞胎妊娠多会出现早产和先天不足,不利于孩子的健康成长和智力发育。双胞胎和多胞胎不仅会让孕妇负担过重,也会直接影响到孕妇和胎儿的安全。

因此双胞胎家庭要加倍关注自己和宝宝的健康,当然,双胞胎或多胞胎的出生率还是有限的,其实,不管生一个、两个还是多个,对于我们人类来说,自然健康的宝宝才是最重要的。

9.
避孕对身体有什么危害

女儿的烦恼:

一天晚上,17岁的小彤和做妇科医生的妈妈在家聊天时,妈妈接到这样一个电话,一个声音还稍显稚嫩的女生打电话时吞吞吐吐,不知道想说什么。

"别怕,有什么事你就跟我说,我能帮助你。"小彤的妈妈鼓励着。

女孩沉默半天后，终于开口了。女孩说她16岁了，正上初三，因为无知、好奇、轻信和冲动，在懵懵懂懂的情况下与别人发生性关系，也没有采取避孕措施，不知如何是好。

小彤妈妈听后说："像你现在这种情况，只能吃紧急避孕药了，目前药房里能够买到的非处方类紧急避孕药主要有毓婷、米非司酮片、保仕婷和诺爽等。此类药物一定不能滥用，一年内最好不超过3次。另外，你还要注意，如果月经推迟7天没来，应检测是否怀孕。"

放下电话后，妈妈说："这女孩小小年纪，稀里糊涂地就与人发生了性关系，性生活时也不注意避孕，现在只能吃紧急避孕药了，而紧急避孕药对少女的身体伤害是极大的。"

小彤问："为什么紧急避孕药对少女的身体伤害是极大的呢？"

妈妈说："因为16岁的青春期女孩正是身体和心理快速成熟的时候，一片事后紧急避孕药的剂量相当于六片常规避孕药的剂量，会将体内的孕激素水平一下子提高到正常水平的6倍，然后又猛然回落，对青春期女孩的危害大于成年人。"

小彤说："避孕药的危害这么大呀！作为青春期女孩，我们真应该多了解些避孕知识。"

妈妈对女儿说的悄悄话：

作为青春期女孩，随着身心的发育和成长，就有必要了解一些避孕的相关知识了。

一般避孕方法有：

①安全期避孕法，这种方法适应月经规律的女性，通常女性排卵

大约在下次月经前14～16天,在此日期前后的2～3天内避孕不安全,其他日期是安全期。但这种方法避孕成功率低,长期使用不安全。

②男用避孕套,在性交前,由男方套在生殖器上,是年轻人中最普遍使用的方法。

③女性短效口服避孕药,是以28天为一个完整周期进行服用,连续服用21天后停药7天,接着服用下一周期。短效口服避孕药不仅对女性的生理干扰幅度小,而且长期服用还可调整月经周期,减少月经出血量,缓解痛经。不过,长期服避孕药对身体的健康有一定的影响。

④注射避孕针也可以避孕,但避孕针容易引起女性月经不规律,如果尚未生育最好不要使用。

⑤外用避孕药,包括避孕药膏、药膜,方法是在性生活前,将药膜团成一团放入阴道,溶化后可起作用。这种避孕效果较差。

⑥紧急避孕药,紧急避孕药也叫事后避孕药,是指在无防护性生活或避孕失败后的一段时间内,为了防止妊娠而采用的补救措施。女孩在遭受意外伤害或因其他原因进行了无防护性生活,可以考虑服用紧急避孕药物,房事后72小时内有效,但不适合作为日常避孕手段。目前药房里能够买到的非处方类紧急避孕药主要有毓婷、米非司酮片、保仕婷和诺爽等。

此类药物一定不能滥用,大剂量激素容易造成女性内分泌紊乱、月经周期改变,可能会出现阴道不规则出血,会导致盆腔炎疾病,有不孕或是异位妊娠的可能性,还存在潜在致癌危险。不到迫不得已,一个月顶多吃一次,一年不要超过三次。如果月经推迟7天没来,应检测是否怀孕。

对于青春期女孩来说，了解避孕的一些方法，是为了教会你在不可避免性行为的时候学会保护自己，如非吃不可，建议在医生指导下服用。

当然，无论看起来如何保险的避孕方法，都不是绝对安全的。作为青春期女孩，身体尚处在发育期，不适合性生活，否则对以后身心健康都有影响。因而，青春期女孩为了自己的身心健康和长远幸福，最可靠的避孕方法就是禁止性行为。

10.

性别相同，真的不能相互依恋吗

女儿的烦恼：

今年读初二的小宏和同桌张桐特别投缘，两人性格、脾气、爱好都相似。在学校俩人功课不相上下，下课她们常手拉手一起去校园散步，俩人有着说不完的知心话儿。每逢周末，不是小宏到张桐家做功课，就是张桐跑到小宏家做作业，作业一做完，两人就尽情玩耍。

可以说，她们是班级里最形影不离的好朋友，有一次班级举行集体活动时，几个同学在同一餐桌吃饭时，她俩也坐在一起，席间就有同学开玩笑说："你们看她俩像不像一对恋人，整日形影不离的。"小宏听后觉得很开心，她觉得和张桐"恋爱"也挺好的，张桐也笑着说："我们俩就是'恋人'。"可那个同学又说："你们俩性别相同，性别相同的人是不能谈恋爱的！"

那天回家后小宏心里就有了疑问，她问妈妈："同学们都说我和张桐好得像一对恋人，可又说我们俩性别相同，不能谈恋爱！性别相同能谈恋爱吗？"

妈妈听后就笑了，妈妈说："中学生时代，每一个班级都有着成对特别亲昵的好友，两个女生或者两个男生特别要好，一起上学，一起玩耍，一起分享快乐和忧愁，对其他人的介入还不高兴，这是青春期特有的产物，是初中阶段的普遍现象。但这只是青春期少男少女的一种情感联结方式，是青春期同性依恋，不是同性之间的恋爱。真正的同性之间的恋爱是一种生活方式，无论情感还是性欲都指向同性的，他们只对同性产生爱情和欲望，这种真正的同性恋很少。"

"妈妈，那我和张桐之间不是恋爱，我们是同性依恋，我们都在幻想将来能遇到自己的白马王子呢！"说完这些，小宏就开心地笑了。

妈妈对女儿说的悄悄话：

女儿，如果你稍加注意就会看到，在青春期的校园里，经常会有两个男孩或是两个女孩形影不离，举止如同恋人般亲密，其实这是"青春期同性依恋"。

这是因为，从儿童过渡到青年的生理和心理发育大致要经历两小无猜期、两性疏远期、两性接近期和正式婚恋期。有些青少年在两性疏远期可能有另一种自然倾向——同性依恋。

因为在青春萌动前期，少男少女处于对异性的排斥、疏远阶段，但又渴望友情，急切地寻找能理解自己的人，以便能倾吐心中的秘密。在学校里,异性学生之间交往和亲近很容易受非议,而同性间的接近则得到欣赏和鼓励,于是导致同性间更多的交往。这种友谊比较深刻,有些像恋爱中的男女,但只是青春期少男少女的一种情感联结方式,是青春期同性依恋,不是同性之间的恋爱。这种同性依恋只是青春期孩子们成长的一个阶段,等你们再大一点的时候,成长到两性接近期时,同性依恋就会变得低调,少年男女就会变得对异性感兴趣,慢慢地进入恋爱期。

但如果同性关系异常密切,觉得与同性在一起交往才舒适协调,到了和异性进一步交往的年龄时,可能会产生社会交往的不适应感,甚至很可能导致拒绝、厌恶异性,那样也许会真的成为同性恋。

因此当你在与同性伙伴交往时,注意不要将自己囿于俩人狭小的人际交往圈中,注意多参加健康有益的文化活动,与志趣相投的男女同学共同学习、娱乐、交往。与异性同学进行正常的交往,建立真正的友谊,在这种交往中,不仅有利于塑造自己健康的个性,也利于将来择偶的顺利进行。

11.

怎样才能尽可能远离强奸

女儿的烦恼:

今天小惠在学校听到一则新闻,一个活泼开朗的高一女孩,周末去书店买书的路上,路过一个小区时,一个中年陌生男子前来搭讪,当时,男子用三轮车拉着一些货物,想叫女孩搭把手,帮助他推车然后卸货，而女孩也没多想，帮助他把货车推到仓库里。不料当把三轮车推进库门时，男人迅速关门，用衣服将她的脸蒙住，拖入仓库一角，不顾女孩的反抗将她强暴，然后将她扣留库中。

女孩父母多方寻找报案后，才在这家库房里将女儿找到，犯人当然也被绳之以法，但女孩身心受到了严重伤害，目前在接受心理疏导。

小惠听这事后，心里即愤怒又有些忐忑。在城市小区里，光天化日之下就发生这样的事情，太可怕了。那天回家后她就问妈妈："在电视里、生活中，常听人说强奸会给女性造成很大伤害，但具体什么叫强奸，女孩怎样才能远离强奸呢？"

妈妈说："根据刑法规定，强奸罪是指违背妇女的意志，以暴力、胁迫或者其他手段强行与妇女发生性关系的行为。强奸又叫性暴力、性侵犯或强制性交，就是指男方强行把自己的阴茎插入女性阴道的行为。在所有的国家，强奸行为都属于犯罪行为。"

妈妈对女儿说的悄悄话：

人们常常把青春期的女孩子称作含苞欲放的鲜花，面对光怪陆离的大千世界，作为女孩子，你一定要在生活中时刻注意，因为复杂的社会里总有那么一些居心叵测的人，专打未成年少女的主意。每年，都有一些少女被骗或者受辱失身的案例。女孩被骗往往因为观念不正确、过于善良或者是自己缺少社会经验而被骗子所利用，因此你们女孩在生活中一定要有自我保护意识，要科学地了解一些性知识，要学会采取一定的措施来保护自己。

女孩子外出时要随时与爸妈保持联系；应了解环境，避开荒僻和陌生的地方，尽量在安全路线行走；晚上外出时，要结伴而行；平日衣着不可过露，不要过于打扮，举止不要轻浮张扬；避免单独和男子在家里或是宁静、封闭的环境中会面，尤其应该避免单独到男子的家里去。

在外不可随便享用陌生人给的饮料或食品，谨防有麻醉药物；拒绝男士提供的色情影视录像和书刊图片，预防其图谋不轨；遇事千万不可独自承担，要学会向家人和朋友求助，这样才可以有力地保护自己。

当你与罪犯对峙时谨记犯案者特征，并通过与对方谈话拖延时间争取获救机会；要学习有效自卫术，善用随身物品，如锁匙，戒指，雨伞和鞋等。如果不幸地使对方的施暴得逞，要尽快告诉爸妈或报警，切不可因害羞、胆怯延误时间，丧失证据，让疑犯逍遥法外，有关部门对这类案件是会严格保密的。

12.
被性骚扰了怎么办

女儿的烦恼：

正在上初二的女生小枚觉得班上有一个男生很讨厌，他看上去像是小混混，他不仅爱在女生面前讲黄色的笑话，还总喜欢探头往女生的衣服里看，让女生又羞又恼。有几回小枚和两个女同学下课后在走廊里站着说笑，他就故意靠近她们，借擦身而过的机会探头往她的衣服里看，小枚虽然心里不舒服，但以为他不小心。可是第二次，他装作和其他人打闹和小枚抱个满怀，然后顺势抓了一把小枚的屁股就跑了。

小枚气极了，可是又不好意思和老师说。现在每天下课后，小枚再也不敢随便出去透气了，因为那个小混混经常在走廊里游来荡去。

小枚回家把自己经历的事情讲给妈妈听。

妈妈听后立即说道："你遇到的这种行为叫性骚扰，要坚决抵制。"

"什么是性骚扰？"小枚问。

"性骚扰是指一方向另一方做出的、不受欢迎的与性有关的语言或行动，包括身体接触和非身体接触。比如性暗示语言、黄色图文、暧昧眼神、故意擦撞紧贴、发出口哨或接吻等。这是社会上的一种不良现象，随着青春期女孩身体第二性征的出现，青春期女孩也会面临这种烦恼。"妈妈向小枚解释道。

"那我们被性骚扰了怎么办？"小枚小心地问道。

"要坚决拒绝呀！还要拿起自己的武器，保护自己的尊严。"妈妈加重了语气说道。

妈妈对女儿说的悄悄话：

女儿，当你逐渐长大成人，就会接触到一些有关性方面的烦恼，因此要学会保护自己。

女孩子在进入青春期后，会普遍被"性骚扰"困扰。对于青少年来说，性骚扰最容易发生在校园。

校园性骚扰加害者可能是自己的同学、学校职工，也可能是个别老师。所以作为青春期女生要注意，不要单独进异性教师的宿舍，或进异性教师单人办公室。

有些女孩子面对性骚扰时，常会选择隐忍，事后又很懊悔，其实女孩子要有防范意识。《妇女权益保障法》《刑法》《中华人民共和国治安管理处罚法》都对"性骚扰"有处罚规定。女孩子面对性骚扰时，要拿起自卫的武器维护自己的自尊，须要勇敢地对性骚扰说"不"！

因此女儿，在校园里，当那小混混探头往你的衣服里看时，你就可以严厉斥责他；他不怀好意地接触你身体，你可以大声地叫喊让对方住手。须知面对校园性骚扰时，沉默有时就是纵容，你态度若不坚决就可能会造成误会。比如，你若笑着骂或打男生，男生就认为这样很有趣，会继续骚扰你。

在公共场合身体被故意触碰时，千万不要退缩或不好意思，应该大声叫道："请将你的手拿开！"引起公众的注意，使侵犯者知难而退。

有人故意在你面前暴露隐私部位。应该视而不见，冷静避开，因为尖叫和惊慌失措只会令骚扰者感到兴奋，所以应尽量避免。

网上朋友总发来很色的图片，告诉他你很讨厌这图片，然后拉黑。

总之，作为女孩的你，要保护、珍惜自己的身体，要有防范意识。受到骚扰后有条件的话要进行心理咨询，使自己的心理受到抚慰，减轻心理压力，避免造成心理阴影。

13.
关于艾滋病，你一定要了解

女儿的烦恼：

16岁的小晶在中学读书，这天放学回家她面带惶恐、神态慌张。她跟妈妈说："妈妈，我快死了，我可能感染了艾滋病病毒。"

妈妈吓了一跳，赶紧询问小晶事情原委。小晶说："她们班的一个男生小伟，得艾滋病了，得病原因是小伟暑假打工时认识了一个26岁的大哥哥，大哥哥很照顾他，他们吃住在一起，好到共用一把剃须刀，共用一个牙刷的程度。可最近小伟出现发热、头痛、喉咙痛以及淋巴结肿大、扁桃体发炎等症状，去医院做了一系列检查和复诊后，小伟被确诊感染了艾滋病病毒，已经停学住院了。"

小晶接着又说："我听说艾滋病传染性很强的，我们和小伟在一个教室里，我不知道我是否被传染上了，小伟住院后心情很不好，我们同学都想去医院看望他，可我不知道去时需要注意什么，会不会再被传染艾滋病病毒。"

妈妈说："艾滋病是一种危害性极大的传染病，由感染艾滋病病毒（HIV病毒）引起的，HIV以人体免疫系统中最重要的CD4T淋巴细胞作为主要攻击目标，大量破坏该细胞，使人体丧失免疫功能。因此，人体易于感染各种疾病，并可发生恶性肿瘤，病死率较高。"

"艾滋病的传播途径主要有三条：性传播、血液传播和母婴传播。所以一般的接触并不会传染，如和艾滋病患者共同进餐、握手等都不会传染艾滋病,你们虽然在一个班级学习生活,但你不会被传染艾滋病病毒的。"

小晶开心地说:"那我们明天可以和小伟共进午餐,还可以一起玩耍了。"

妈妈说:"对,你可以和同学们一起多去看望小伟,鼓励他与疾病做斗争。"

妈妈对女儿说的悄悄话:

艾滋病作为一种危害性极大的传染病,正在全球蔓延,不少青少年也成了艾滋病的受害者,因此作为青少年,也有必要了解艾滋病的有关知识了。

通常艾滋病传播需具备三个条件:

第一,必须存在HIV的传染源,才有可能发生HIV感染和传播。

第二,HIV的数量只有达到一定的水平才会导致感染的发生。例如感染者的血液、精液、乳汁中带有比较多的病毒,只要少量就足以感染别人,接触这些体液感染的危险性比较高。而唾液、泪液和尿液中病毒含量很少或者没有病毒,因此日常生活接触不会传播艾滋病病毒。

第三,光是接触到有病毒的体液并不足以感染上HIV,健康、无破损的皮肤可阻止HIV进入机体,能有效地防止感染。HIV可以通过伤口或溃疡进入机体,或者透过肛门、直肠、生殖道、口腔、眼睛等处的黏膜进入人体。

那么我们怎样预防艾滋病呢?

青少年一定要避免过早性行为,要避免无保护的性行为,避免与艾滋病感染者、艾滋病病人发生性接触，在所有的性行为中使用安全套。

不要和别人共用针头，也不要使用已经被人使用过的针头。如果这些用具没有进行严格消毒，很容易造成 HIV 病毒感染。人们接受医疗服务时，不慎被污染 HIV 的器具如针头刺伤皮肤，或黏膜直接接触到含有 HIV 的体液，HIV 就会进入人的血液。

还要注意不共用生活用品，不与他人共用牙刷等有可能刺破皮肤、黏膜的日常生活用品；月经期要注意卫生；体育运动等外伤引起的流血一定要注意防护；在救护伤病员时，避免破损的皮肤接触伤员的血液，救护时最好采取防护措施，如戴上手套等防护用具。

作为青少年，当你掌握了艾滋病的相关知识后，再遇到一些艾滋病的相关事情，就不会只会害怕，就会采取一定的措施来保护自己。青少年为祖国的未来，一定要建立良好的、健康的习惯，保护自己的健康成长。

第五章
摆脱成长的烦恼,做阳光女孩

1.
别让忧郁症缠上你

女儿的烦恼：

15岁的丹丹是个性格内向的女孩，也是班级历史课代表，进入初二后，一连几次考试都没有考好。此后丹丹变得喜怒无常，她无法与同学处理好人际关系，常找借口不想去上学，对什么都没有兴趣，整日心事重重，跟谁也不说，逐渐开始睡眠不好、食欲不振，常自责自己没用，什么都做不好，还不时冒出"活着真没有意思"之类的话。

妈妈说："丹丹这是有忧郁情绪了，长期下去，会得忧郁症的。"

丹丹问："什么是忧郁情绪，什么是忧郁症？"

妈妈说："忧郁是一种无法抗拒或自己并不知道的疾病，也是一种最普遍的精神疾病。当人们遇到精神压力、生活挫折、痛苦境遇、生老病死、天灾人祸等情况时，会产生忧郁情绪，一般人情绪变化是短期的，人们通常通过自我调适，充分发挥自我心理防卫功能，能恢复心理平稳。而病理性忧郁症状常持续存在，甚至不经治疗难以自行缓解，症状还会逐渐加重恶化。精神医学规定一般忧郁不应超过两周，如果超过一个月，甚至持续数月或半年以上，则可以肯定是病理性忧郁症状。"

"你是说,我这段时间心情不好,可能是忧郁情绪,发展下去还有可能会患上病理性的忧郁症的?"丹丹说。

"是呀。"妈妈说,"抑郁症已成青少年常见的精神问题了。"

丹丹说:"我就常受这些问题困扰,我考试没考好,很烦恼,可我不想得什么忧郁症。"

妈妈说:"那就努力摆脱这种忧郁情绪,别让忧郁症纠缠你。"

妈妈对女儿说的悄悄话:

亲爱的女儿,当你走进青春期,感受着忧郁情绪的侵扰时,可能还没有想到自己会与忧郁症这个病联系在一起。事实上,抑郁症已经成了青少年常见的精神问题。在人的一生中,有三个时期较易得忧郁症,即青春期的后期、中年及老年人,女性患有忧郁症的可能性是男性的两倍。

在我们平时,抑郁情绪是很常见的。比如上个周末,妈妈想和你一起去公园看花展,你心情不好,说"别理我"。有一次妈妈工作劳累,你叫妈妈陪你看你养的小蜥蜴,妈妈把坏情绪丢给你,这都是正常人的抑郁情绪,正常人的抑郁情绪是基于一定的客观事物,即事出有因。而且情绪变化是短期的,通过自我调适,充分发挥自我心理防卫功能,就能恢复心理平稳。

而抑郁症则是病理性情绪抑郁,这种病理性情绪抑郁通常无缘无故地产生,缺乏客观应激的条件,或者虽有不良因素,但是"小题大做",甚至不经治疗难以自行缓解,即使这次抑郁症发作治疗好了,但以后抑郁症还会反复发作,每次发作的基本症状大致相似,症状还会逐渐恶化。

精神医学规定一般抑郁情绪不应超过两周，如果超过一个月，甚至持续数月或半年以上，则可以肯定是病理性抑郁症状了。程度严重达到病态时称为反应性抑郁症，会影响患者的工作、学习和生活的，患者会无法适应社会，影响其社会功能的发挥，甚至产生严重的消极、自杀行为。

因此女儿，你可别小看了自身不良情绪的侵扰，当你有了忧郁情绪时，一定要及时摆脱这种不良情绪，不要让你的抑郁情绪持续存在。如果让忧郁情绪长期纠缠着你，对你的健康是十分不利的。

消除抑郁最有效的方法是改变自己的认知方式，增加思考的灵活性，学会客观地思考问题，不要钻牛角尖，比如你这次考试没考好，就需要以后努力，学会解决困难。

在遇到不如意的事情时，千万不要自我压抑，可以寻找一种恰当的方式使自己的消极情绪得到宣泄。旅游或写日记就是一个不错的方法，也可以找一个可以信赖的亲人、朋友倾诉自己的苦衷，你当然也可以尽情和爸爸妈妈倾诉，这样会使自己的消极情绪得到宣泄。

运动能加强新陈代谢，疏泄负性心理能量，有助于增强体质，产生积极的心理暗示，常见的几类青少年抑郁症预防的运动方法主要有：跑步、跳绳、散步、健美操等。

当自己不能摆脱负性心理困扰的时候，就要尽早向心理医生进行咨询和接受心理治疗了，以防病情加重。

2. 要学会排解坏心情

女儿的烦恼：

16岁女生小蓉是个性格内向的女生，她学习成绩优异，在校颇得大家赞赏，她的同桌小霞对她更是崇拜。可是在高二上学期，小蓉因生病住院治疗，出院后成绩明显下滑，虽然经过努力，但考试成绩排在20名后。从那以后每次看到班级排名榜，她的心情都不好。

以前在班级里她很受老师重用，现在却常挨老师批评，甚至连小霞的成绩都超过了她，对她崇拜全无，这些让小蓉对一切都丧失了兴趣。

看着小蓉被坏情绪左右，妈妈十分焦急，一有机会就开始苦口婆心劝说她。

妈妈说："在中学时代人的自我意识强烈、自尊需要迫切，当意识到有某些威胁自尊心的因素存在时，就会产生强烈的不安、焦虑、恐惧情绪。甚至会生气、愤怒，对别人的嘲笑、蔑视，反应非常强烈，这是因为此时的青少年好胜，遇事好激动，控制力差，易被情绪左右。因此你一定要注意情绪调节，不要让不良情绪影响你。"

"妈妈，我最近因为学习成绩下滑厉害，许多人都瞧不起我了。生病出院后，心情一直不好，那该怎么办呢？"小蓉哽咽着说。

妈妈说："有了不良情绪，一定要学会调节呀，学会情绪调节才能适应社会，是保持心理健康的重要方法。"

妈妈对女儿说的悄悄话：

生活中，每个人既有开怀大笑的愉快时刻，也会有万念俱灰、焦急紧张等不愉快的时刻，偶尔的坏情绪是非常正常的，因为人生中难免会遇到各种各样的事情，会左右我们的心情，但如果长期处于坏情绪之中，坏情绪就会影响到我们的生活。

改变认知才能从根本预防或者缓解不良情绪。比如你，这次是自己生病后引起成绩不好，就要努力把成绩赶上去，即使努力没有奏效，也应该客观平和地看待这件事情。学会把这种困难看成是迎接挑战和再学习的机遇，接受这种变化带给你的改变。

可以用理智控制法暗示自己，相信自己能克服困难。任何一种情绪，刚开始时都是容易克制的，用理智控制法就可能会在抑制消极情绪的同时激发起积极情绪，从而保持心理平衡。

还可以合理发泄情绪，可以向朋友亲人倾诉，在适当的场合放声大哭，也可以找个空旷地方大声喊出你要说的话，也可以乱写乱画，使郁积的怒气和不良情绪得到发泄，心理学认为，倾诉是我们调整不良情绪、放松心理压力必不可少的方法。

也可以暂时抛开眼前的麻烦，把注意力转移到感兴趣的活动或话题中。比如参加一些有益的活动，这样就可以使人从消极情绪中解脱出来，从而激发积极、愉快的情绪反应。还可以听音乐、看电影，轻快的音乐可以让我们的心情愉悦，看电影也是一样的。也可以试着走出去感受大自然的美，去公园散散步或慢跑一下，这对你缓解焦躁情绪是有很大帮助的。

青少年正处于人生的第二次飞跃，身心都在迅速生长，作为青春期女孩，应该学会控制情绪，情绪调节是个体适应社会和保持心理健康的重要机制，这样才能适应社会。

3. 积极治疗失眠

女儿的烦恼：

今年考入高中的卉卉，近来学习成绩直线下降，为此她非常烦恼。入学考试她的成绩位于班级第7名，而在新学期第一次月考中倒退到第12名，看来这所市重点高中真是人才济济呀，卉卉从小就不服输，她相信自己通过努力一定会赶上去的。因此那次考试后，她下了很大功夫，发誓要进入班级前5名。

此后她每天都早起晚睡，为期中考试做着准备。考试前一天，卉卉由于紧张，脑海里总是出现考试的场景，一直辗转到午夜才睡着，凌晨三点多就醒了过来，这次醒后，很难再次入睡，在床上辗转两小时，起身去学校考试了。

期中考试成绩公布了，她有了一些进步，可是卉卉从此患上了失眠病。每当有心事或面临考试时，就会辗转难眠，有时竟然彻夜不睡，第二天早晨起来，卉卉就像还没有睡一样，精神恍惚，记忆力下降，她的学习成绩自然下降了。

妈妈说："卉卉你是患了青少年失眠症。"

"什么是青少年失眠症？"卉卉问。

妈妈说："失眠是一种失眠障碍问题，主要表现为易醒、难入睡以及早醒。而青少年失眠的原因和成年人是不一样的，青少年处于人生特殊阶段，造成失眠的原因有情感方面的困惑、学业方面的繁忙、学习上的压力、父母的期望、同学间的攀比竞争等，若是没有好好地进行缓解的话，都会使得他们成为失眠的高发人群；还有一些青少年深陷网络，在网络虚拟的社会里不能自拔，当他们重新面对现实时，就会悲观厌世、心境低落，也容易出现食欲不振和睡眠障碍等现象。"

"妈妈，我就是因为学业繁忙、经常熬夜、心理压力大造成的失眠。"卉卉在总结了自己的失眠原因后说。

妈妈说："青少年正处于身体发育的重要时期，失眠会影响青少年的生长发育，因青少年的生长发育与生长激素的分泌有一定关系，而生长激素的分泌与睡眠密切相关，所以，青少年要发育好，长得高，睡眠必须充足。

青少年若夜间没有良好的睡眠，第二天会无精打采、精神恍惚、反应迟钝。长此以往，还会造成脑供血不足，导致头痛、抵抗力下降，引起神经衰弱。失眠还会带来情绪方面的变化，使人变得烦躁、焦灼，甚至可能出现抑郁、悲观、厌世等现象。"

"妈妈，那如果失眠了怎么办呢？"卉卉问道。

"当然要积极治疗呀。"妈妈果断地说道。

妈妈对女儿说的悄悄话：

对于人类来说，睡眠是一种自然休息状态，人的一生中，睡眠占了人生的三分之一，睡眠不仅能帮助人们恢复体力和脑力，还能舒缓压力，增强记忆力，从而保持身体健康，因此睡眠对于人体健康是极为重要的。

青少年处在长身体的重要阶段，失眠会对你们产生诸多的恶果，发现失眠之后，一定要找到失眠的原因，及时治疗失眠。

首先要建立信心，保持乐观的心态，对学业成绩、个人得失等有充分的认识，避免因挫折导致心理失衡。还要注意劳逸结合，不要熬夜，不要有太大的压力，保持积极向上的心情，这样才能利于祛除失眠症状。

使生活起居规律化，养成定时入寝与定时起床的习惯，要让居住环境舒适，卧室的气温稍低有利于睡眠，还要尽量使卧房隔离噪声，避开光线刺激，要养成关灯睡觉的习惯。

睡前要放松心情，双手尽量不要放在心脏附近，避免噩梦而惊醒。

白天可进行适度体力劳动或体育运动，进行了体力劳动或体育运动后，人会产生疲劳感，全身肌肉放松，夜间入睡比较快，睡眠质量就好。睡前半小时内避免做过分劳心或劳力的工作。不妨听听轻音乐，这样有助于睡眠。

吃一些营养丰富有助于睡眠的食物。在睡前喝一杯牛奶也能起到催眠效果，睡前避免喝茶、饮酒、喝咖啡、吸烟等，避免引起脑神经兴奋。坚持在睡前半小时洗热水澡、泡脚对治疗失眠有好处。

当你发现自己失眠了不要紧张，要树立信心，进而寻求合理、有效的方法，必要时可以配合食疗、中药、西药、针灸、理疗等方法治疗，相信自己一定会战胜失眠。

4.
不要让嫉妒占据你的心

女儿的烦恼：

在高二读书的 17 岁女孩晓童学习成绩优秀，在班级里担任班长，她工作积极主动，但为人多疑、爱计较，人际关系有点差。新学期开学后，学校班级重新选举时，张静为新当选的班长，晓童为此很生气，她认为这次选举不公平，这一切都是张静搞的鬼，尽管她们曾在同寝室住过，还曾经是好朋友。那天在校园晓童和张静相遇，她把张静曾经送给她的一本书撕碎扔在她面前，还在背后说了张静许多坏话。

这件事引起许多同学议论，这越发让晓童愤愤不平。当她回家跟妈妈讲了事情的经过后，妈妈说："晓童，你这是因羡慕而生嫉妒了。"

"我这是羡慕和嫉妒？"晓童茫然地问。

妈妈说："是的，张静是你同寝室室友，取得这样的成绩让你羡慕，但同时妒忌也占据了你的心。嫉妒是一种病态心理，是指人们为竞争一定的权益，对相应的幸运者或潜在的幸运者怀有的一种冷漠、贬低、排斥，甚至是敌视的心理状态。由于这种情感深藏于心中，经过内心的加热、发酵或膨胀，最后会以歪曲的形态爆发出来。一般说来，除了轻微的嫉妒仅表现为内心的怨恨而不付诸行为外，大多数的嫉妒心理都伴随着发泄性行为。表现在言语上的冷嘲热讽，行为上的冷淡或疏远被嫉妒者。你的行为，就是一种发泄行为。"

晓童听后说:"可我当时控制不了自己的情绪,过后想想挺后悔的。"

"这就是嫉妒的危害呀,所以不要让羡慕嫉妒占据了你的心。"妈妈说道。

妈妈对女儿说的悄悄话:

你一定应该注意到,青少年时期是人生成长最为关键的时期,但也是心理问题凸显的时期,比如这种嫉妒心理。

很多青少年都为嫉妒心理折磨。有嫉妒心理的人,心胸比较狭窄,不但容不得别人比自己强,而且在嫉妒别人的时候,自己也痛苦,良心上也受到自责,这种长期的精神折磨,必然影响身心健康。因此学会走出嫉妒心理很重要。

首先,应树立远大的理想,追求崇高目标。如果有远大的理想和抱负,正确看待人生价值,就决不会因为眼前的蝇头小利而患得患失,更不会花时间和精力去嫉妒他人的成功。

其次,要重新审视自己,发挥优势,记住不要拿自己的短处与别人的长处进行比较。每个人的能力可能会表现在不同方面,发现自己的特长,明确人生目标,相信自己一定会走出一条成功之路。

再次,与其嫉妒不如竞争。真正的有智慧的人是以别人的成功作为自己奋斗的动力的,要客观分析他人与自我,发掘自身的潜力,不断充实提高自己,消除嫉妒最有效的方法莫过于通过自己的努力超过竞争对手。

最后,遇事要想开点,人生在世不如意的事会有很多,自私自利的人时时处处以"我"为中心,因此你在嫉妒和羡慕别人成功的时候，不妨将妒忌心转换成对他人的美好祝愿，将朋友的进步当成自己的进步，为别人的成功助威、喝彩，这也是一种豁达的人生境界，它能使带有恶性的嫉妒向良性转变。

当然，如果自己遭到别人的嫉妒时，首先要做一下自我反省，检查自身的所作所为有没有失当之处。只要你是正确的，那就"走自己的路让别人去说吧！"对于嫉妒者到处传播的流言蜚语，恶意中伤，不必生气，试想，自己被嫉妒很大程度上就是自身有许多优势、长处，让对方嫉妒，面对对方诋毁或攻击，尽可能采取"冷处理"，微笑地保持自己潇洒的强者风范。

5.
自卑不可怕，你要学会战胜它

女儿的烦恼：

学生小虹是个细心的孩子，在家里酷爱整洁，她的卧室总收拾得干净利索，学习用具整理得井井有条。家里有客人，小虹总是热情相待，还帮助母亲分担家务。

上中学后，她一心想好好学习做班级的优等生，但她的学习基础不太好，经过一段时间的努力却不见效，考试成绩总在班级后几名，在校总觉得被人瞧不起，每次发考卷后，便坐立不安。以前她性格开朗，现在变得越来越内向，平时与大家的接触也越来越少，渐渐把自己封闭了起来。

小虹这样做的目的就是为了躲避其他同学，担心和他们接触而受到伤害。她用自尊营造可怜的保护层,躲藏在痛苦之中。

妈妈看着小虹的变化说:"你这是自卑起的作用。"

小虹问妈妈:"什么是自卑呀?"

妈妈说:"自卑感是青春期常见的心理障碍之一。自卑感其实就是青春期的孩子在与他人进行比较后,觉得自己不如别人,进而会表现出软弱、无能、精神不振等心理失衡状态,这样会严重影响你们的学习和生活的。"

"妈妈,我总觉得我学习差,每次进教室都没有勇气。我还觉得自己变得越来越退缩了,那怎么办呀?"小虹迷茫地问。

妈妈说:"自卑是生活里一种常见现象,自卑不可怕,你要学会战胜它!"

妈妈对女儿说的悄悄话:

进入青春期后,青少年面临身心全面发展,也会产生许多困扰,自卑感是青春期常见的心理障碍之一。

每个人产生自卑感的根源并不一样,有的女学生常因为自己长相不够漂亮,或者身材矮小、肤色黝黑而感到苦恼、自卑;有的人看到别的同学学习成绩好,组织能力强,很羡慕,希望自己也能那样,但性格与能力并不是一下子就能改变的,为此他们自我烦恼,并深深自卑;有的青少年因为家庭经济条件差感到自己不如他人,或者因为父母职业问题而感到自卑;有的因自己没考上重点学校或不是重点班的学生而感到低人一等……

自卑感一旦产生,就会渐渐地蔓延、扩散,从而产生错误的心理定式,认为自己这也不行那也不行,会引发出人际关系障碍和许多行为上的困扰。从而打击了人的上进心、自尊心，使自己变得胆小怯懦、不敢表现。

这对青少年成长十分不利，因此你一定要想办法走出自卑心理。

首先你应该想到，世界上没有十全十美的人，每个人都有各自的长处和短处，信心不足的学生总是看到自己的缺点，而很少看到自己的优点，其实，我们不要总喜欢用自己的缺点与别人的长处相比较，而要相信"天生我材必有用"。

其实小虹也有许多优点，如你爱干净，热情待人，帮母亲分担家务等。虽然你学习成绩不是很好，长大后不可能当科学家，但你可以从事其他职业，所以，从现在起，你就要注重发展自己的能力，培养开朗的性格，多与同学交往。

以后，要注意锻炼自己，让自己不断产生信心和力量。在课堂上或公开场合要尽量举手发言，只要敢讲，就会比那些不敢讲的同学收获大。这样不仅锻炼自己的勇气，而且能够增强自信心。还要主动助人，真诚地赞美别人的优点，要多交朋友，以便摆脱孤独感和寂寞感，进而会变得内心充实，心情舒畅。

善于发现自己的优点，及时鼓励自己，你的自信心一定会大增。

6.

别太在意别人的看法，记住你是最棒的

女儿的烦恼：

17岁的小平是个轻微残疾的女孩，在她5岁的时候，因为一场

车祸造成左手残疾。现在虽然她在班级里成绩较好，但是她总有些自卑。她特别羡慕那些健康的孩子，每逢大家畅想未来的时候，小平看着自己残疾的手，神情略显沮丧，周围人看她也都用同情的目光。

一个手部有残疾的女孩子能有未来吗？她觉得自己将来不能有好职业，不会有美好的爱情，她的生活也因手部功能丧失而有许多不便。

妈妈看出了小平的困惑，安慰着说："别太在意别人的看法，记住你是最棒的，要做最好的自己。"

小平在妈妈的话里不再迷茫了，她决定努力做最好的自己。

妈妈对女儿说的悄悄话：

女儿，当你在生活中迷茫的时候，请相信，你能在适合自己的路上做最好的自己！

妈妈听说过这样一则故事：

春天，花园里姹紫嫣红十分美丽。其中有棵小橡树，看到别的树木都在开花结果，它格外的茫然，不知该做什么。

苹果对它说："你为什么不结出美味的苹果呢？你太不努力了。"玫瑰又对它说："你还是开出玫瑰花出来吧，很简单的。"小橡树非常努力，可到头来还是一无所获。

小橡树经过一番思考之后，它豁然开朗："我是一棵橡树，是不会开花结果的，我应该长成一棵大橡树，让鸟儿栖息，给人们遮阳。"

小橡树顿时充满了力量，它快乐地生长着、最终成为参天大树。

小橡树的经历给了我们很多启发，小橡树就是橡树，不会开出玫瑰花，也不会结出苹果。它从最初的迷惘，到后来的快乐生长直至长成参天大树，无疑在告诉我们，只要寻找一条适合自己的路走，就能证明自己是最棒的。

人的一生，是一个寻找的过程，就像过河的小马寻找着一条适合自己走的路一样。过同一条河，不同的人有不同的感受，牛大伯和小松鼠会得出截然相反的结论。因为它们各自条件不同、经验不同，它们的结论也只能适合它们自己。

所以说，这个世界上有千万条路，不同的路适合不同的人走。这就需要人们了解自己的兴趣、特长、潜能，进而知道自己到底要追求什么。我们找到人生的方向和坐标，在此基础上赋予自己独特的使命，然后力求把自己的潜能充分发挥出来。

你或许是科学家，或许是工程师，或许是教师，或许是农民，我们每个人都坚持走适合自己的路，那就是我们的成功之路。

做最好的自己就是做你自己，不要去模仿别人，也不必羡慕别人，也别太在意别人的看法，记住你是最棒的。

7.

走出青春的叛逆期

女儿的烦恼：

自从上中学后，女孩小菲性格发生了明显变化，以前在家总是扯东拉西、没完没了地说话，现在变得沉默不语，每天回家不是写作业就是自己闷头上网玩游戏，对家长不理不睬。上学期期末考试，小菲成绩退步到了班级三十多名,为此妈妈特地在寒假里请了家教,想让女儿在学业上有所进步,谁知没说几句话,女儿就顶撞说:"讨厌你唠唠叨叨,总叫我学习学习的,简直不可理喻。"然后砰地一下关门,走进自己房间。

小菲进自己房间坐了一会儿,又觉得对不住妈妈,就走出房间,跟妈妈道歉,然后对妈妈说:"我自从上了中学后,不知从什么时候开始,就特别反感家长的叮嘱,还喜欢跟老师顶嘴,越是不让做的事,就越要去做,其实面对日日下降的成绩,我也很着急,也想好好学习,想提高成绩,可是面对家长对自己的安排,总想要逆反一下。"

妈妈说:"这种现象,心理学上称之为逆反心理,是青少年常有的现象。青少年之所以产生叛逆心理,一方面是因为青少年的心理,在随着这个年龄段自身的变化而变化着,青春期第二性征的出现,给他们的心态造成了冲击,他们面对自身的变化常常感到不知所措,进而产生了浮躁心态和对抗情绪;另一方面是因为青少年正处于'心理断乳'期,他们觉得他们已经长大了,他们反对成人把自己当'小孩'看待,为了表现自己的'非凡',对任何事物都倾向于持批判态度。当他们感到或担心外界无视他们的独立存在时,就会采用各种手段、方法与外界对立,进而宣告自己独立的存在。"

"妈妈,你说得真对,我就是觉得自己长大了,所以反感大人的说教。可其实我还没有成熟,还没有真正地长大,我不知道怎么办。"小菲说。

"所以我们要理智地对待青春期叛逆呀。"妈妈说道。

妈妈对女儿说的悄悄话：

青春期是从童年向成年的过渡期，也是青春期孩子心理上的"断乳期"，在这一时期里，青少年的心理发展还有个特点，就是叛逆。

在通常情况下，人的正常心理发展过程中有两个逆反期，一个是幼儿期，三四岁时，因自我意识发展，感到有些事情自己可以做，所以会和父母产生冲突。另一个是青春期，初中二、三年级最为突出，高中慢慢减退，冲突对象主要是老师和家长。

青少年逆反心理既是正常心理，又是问题心理；既有消极性一面，也有积极性一面。

青春期逆反心理包含一定的积极因素，对于学生和社会有一定的积极作用：如追求独立自主而产生的逆反，会有利于青少年个性成长；不满学校不恰当教育方式而产生的逆反，利于促进教育方式的变革；反感社会丑陋现象而产生的逆反，会有利于促进社会进步。

但是，青春期逆反心理，如果反复地出现，就会极大地影响你的成长。会使你不能客观、准确地认识事物本来面目，导致采取错误方法和途径去解决所面临的问题。其实有时不合理、不现实的逆反，往往会是偏激、妄自尊大、孤陋寡闻的产物。因而，对于你们青少年来说，适时、有效地调适这种逆反心理是非常必要的。

你应了解自己逆反心理产生的原因，深入细致地观察自己的内心世界，遇事要冷静，学会克制自己。言行要适度，不要意气用事、争强好胜。平时要主动与父母和老师接触，多一分沟通也就多一分理解，此外你也要了解自身"心理断乳期"的实质，在这一时期，父母如果过分保护,会延迟你们的心理断乳时间;过早分离,会导致你们身心发展存在缺陷。当你在生活中迷茫和困惑了,父母一定会无私地伸出手来帮助你的,父母在这个时期,一般都会尊重青少年独立意识的发展,会与你们交朋友,深入了解孩子的内心想法,及时帮助孩子化解烦恼。

当你在生活中逐步正确认识自己后,就会努力升华自我,就会明确自己在不同场合所处的不同位置,进而提高心理上的适应能力。要注意多参加社会活动,在活动中激发兴趣,发现自我价值,促进人事关系的和谐。渐渐的,那些无意义的逆反心理就会消失,你就会顺利度过生理和心理发育的这个特殊时期。

8.
我好讨厌上学,可以不去吗

女儿的烦恼:

假期里,13岁的小云去大连外公家度假,在大连,小云最喜欢和小姨去海里游泳了,也喜欢在海边沙滩上捉螃蟹、挖牡蛎、拾贝壳。那个假期,她在外公家玩得非常开心,从外公家回来,还带回来许多贝壳标本,她把它们晾干了放在自己的书柜里,准备开学后送给自己的好朋友。

短暂的假期很快过去了,新学期就要开始了,可此刻,小云坐在自己的房间里看着妈妈为她准备的新书包和校服时,却不想上学了。

"妈妈,我好讨厌上学,可以不去吗?"她问妈妈道。

一想到明天就要上学了，小云心里就有一种沉重感。因为上学期期末考试，她数学有道大题由于马虎没有答好，成绩下跌的厉害，被数学老师在班里点名批评过，这让小云很伤自尊，她怕见到数学老师。她还曾和一个好朋友闹别扭了，至今俩人都没有说话，小云也不想见到她。

妈妈说："你很喜欢上学的，学校有你的好朋友，暑假里你不是说很想念她们吗？"

"妈妈，我上学期数学没考好，被老师批评了。我还和一个同学吵架了，至今见面都不说话。"小云委屈地说。

妈妈说："其实，你数学没考好是因为一时马虎，以后克服这个缺点，就能保持你以前的水平了。这学期在数学上再用点功，成绩还会提上去的。即使你数学不好，我记得你的美术课挺棒的呀，还在学校比赛中得过奖呢！你考大学可以报美术相关院校，发挥你的特长。我们的小云很优秀的，身边有好几个好朋友呢，好朋友间闹别扭是常事，但要宽厚待人，这样你的朋友才会越来越多。"

"嗯，我身上还有潜力没有发挥呢，如果我继续努力，还会更好的。"小云开心地说。

收拾好书包，她就躺下睡觉了，她告诉妈妈，明天一定要早点喊她起来，因为明天是开学的第一天，她可不能迟到哟！

妈妈对女儿说的悄悄话：

许多人在上学的时候都曾有过厌学心理，导致学生厌学的原因是多方面的：如学生课业负担过重；学生学习时间长，觉得学习特别枯燥、无聊；或者和某同学、某老师关系不好。

一个孩子在拒绝上学时，肯定是遇到了某些困难，而这些困难需要父母的帮助和解决，父母也会及时了解孩子的心理状况和想法，帮助你们走出迷茫，进而找到自己人生的目标和希望。

妈妈知道你是个好孩子，厌学并不是你不想上学，不喜欢读书，相反的是你太想学好，因为没有达到自己内心那个好学生的标准而对自己失望。

厌学中有的孩子不是不想学，而是不知道为啥而学，他们不了解自身潜能和优势，其实每个学生都有自己的特点和长处，擅于挖掘，将来就能成为栋梁之材；有的学生是学习目标不明确，看不到学习的希望；也有的学生学习技能低，没有好的学习方法；还有的学生容易受周围环境、人际交往等因素影响从而无法安心学习。

这些困扰因素影响了中学生的心理健康，纵使潜能再好也得不到很好的发挥。

因此作为青春期的孩子，你一定要应充分认识学习的意义，不管自己现在学习状况如何，一定不要在意别人对自己的评价。要扬长避短，重新设计塑造自我，设立自己的人生目标或学习目标，经常对自己说一句激励的话，如"我一定能成功"。经常这样自我激励、自我鞭策，就有可能在学业上找到自己的方向，找到自己人生的希望，找到自己的位置。

当你有了生活的信念后，就能学会适应环境，勇于面对困难，当你能逐渐学会如何与困难相处，那么当遇到问题时，就能更好地解决问题，进而会让自己变得越来越独立，也就会逐渐走向成功。

9.
没人理解我,我好孤单

女儿的烦恼:

15岁女孩文英,小时候像个小鸟似的和家长叽叽喳喳地讲个不停,升入初中以来,好像变了一个人似的,有什么心里话也不愿对父母讲,也不愿主动与老师、同学交往,在新班级里常处于一种空虚无助的情绪中。看到同学结伴而行,而自己身边却没有好朋友,她觉得特别孤独。

一天回家,文英和妈妈谈起自己的困惑。

妈妈说:"这是因为,随着青春期青少年生理的急剧变化,也带来了自我意识的增强,使青少年对自己、他人、环境都有了新的看法,这时的中学生开始关注内心世界,他们对尊重、理解、心灵需求等人际情感的需要显得尤其强烈和迫切,这种需求得不到满足,就容易产生孤独感。"

"那我应该怎么办呢?"文英疑惑地问道。

妈妈说:"一定要想办法走出青春期的孤独期。"

妈妈对女儿说的悄悄话:

进入青春期的学生大都有这样一种体验,觉得自己是大人了,仿佛自己一夜之间就变得成熟起来了,讨厌父母的关心,觉得老师也不像平日里可敬可亲,就连平日要好的朋友,也没有那么亲密无间了,总听青春期学生感叹，没有人理解我，我好孤独。

这是因为青春期是儿童向成人转变的过渡阶段，在这个阶段，青少年生理的急剧变化，也带来了自我意识的增强，他们对自己、他人、环境都有了新的看法。人生观、价值观开始慢慢趋于成熟，独立意识增强，希望摆脱父母、老师的思维束缚，却又渴望自己的思想被人理解、接受，得到别人的关心，即他们一方面特别需要和别人探讨和交流，一方面又不愿意敞开心扉。

此时的同伴关系便显得非常重要了，同辈之间的相互支持和肯定利于青少年完成自我独立的过程。如果人际关系紧张，会影响与同学、朋友的正常交往，容易形成自我封闭、自我孤立的性格，影响正常的学习生活。

消除青春期孤独感，你不妨从以下几点着手：

应克服自卑情绪，由于自卑而觉得不如别人，不敢与别人接触，会造成自己孤独。其实，人与人不可相比，每个人都有长处和短处，大可不必以完美主义的方式约束自己，一个人只要自信一点，你就会发现与别人交往并不是一件难事。

在学校要学会结交朋友，青春期的少年男女，与同伴交往可以满足尊重和归属的需要，不但增加自信，还能够产生学习动力和自我发展能力。特别是知心、亲密的朋友，可以倾吐心中的秘密，对于少男少女来说，有"知心朋友"非常重要。

当你感到孤独时，多与外界交流，约朋友散步、逛街、上图书馆等，常与朋友交往和联系，彼此都能体会到友谊的温暖。

多参加学校组织的活动，在这个过程中多与周围的同龄人做游戏、讨论问题，这样不但可以加深同伴间的了解和信任，还会增进同伴间的感情。此外还要乐于助人，帮助他人、关心他人可以消除孤独寂寞感。

生活中有许多活动是充满乐趣的：如有些人遇到挫折，心情不好，常常会跑到海边散步，心情就会逐渐开朗起来。有的人喜欢到最热闹的街道去，置身于川流不息的人群，就会忘掉自己的寂寞，消除孤独。还可以通过记日记、画画、写字、唱歌、听音乐等方式排解自己的忧愁，重拾生活的信心。

要想从根本上克服内心的脆弱，最好给自己确立一些目标，一个生活有目标、有所追求的人，也是不怕孤独和寂寞的。

10.

和好朋友吵架了，心里很难受

女儿的烦恼：

周末，小炜、小莉和几个朋友去了郊区的公园游玩。那天，几个人在一起玩得很快乐，但是在快要离开公园的时候，小炜和小莉吵架了。吵架原因是因为坐车回家的事，小炜想早点回去，因为她作业还没有写完。而小莉觉得出来玩就要尽兴，作业第二天写也行。俩人为此争执不下，后来她们越吵越厉害，最终不欢而散。

那天回去后小炜一直闷闷不乐，半年前，小炜和小莉也曾吵过架，就因为小炜看不惯她的作风，小炜觉得小莉个性张扬，处事、思维方式与自己不同，虽然她们好了两年，但以后的日子她再也不想理她了。离开小莉的日子小炜有些孤独，不知不觉又想起小莉的好来。

她讲话直爽，为人诚实、热情，因为她们是好了两年的好朋友，回想相处的这段时间，有许多值得留恋的地方。

小炜盼着小莉能与自己联系，可是一连两天，她都没来电话。更让她难过的是，今天在学校上课间操时，她们在走廊相遇，要在往常俩人早就手牵手一起前行了，可是今天小莉特意躲开了她，和另外一个女生一起走，小炜当时脸就气白了。

那天一整天她都十分难过，晚上回家吃饭时也闷闷不乐。小炜回家跟妈妈说起自己的心事。

妈妈说："朋友之间有分歧是正常的，不必要求事事一致，要求大同，存小异，和朋友吵了架，要能谅解朋友的过错，也要勇于承认自己的错误，朋友之间特别要讲究容忍、宽厚。"

于是小炜主动给小莉打电话，问起今天老师布置作业的事情，而小莉似乎也早就在等这个电话了。她在和小炜一起探讨了作业后，还邀请她晚上一起去超市买文具，小炜心里别提有多高兴了。

那以后遇到意见和分歧，她们互相商讨和争论时并不寻求处处保持一致，而是去理解对方，她们之间的友谊也变得更深厚。

妈妈对女儿说的悄悄话：

人从出生后几个月便开始有了社会交往的需要和行动，这是人的社会属性所决定的。朋友是我们生活中不可缺少的重要部分，人在不同时期，对朋友的要求也不同。

伟大的物理学家爱因斯坦说："世间最美好的东西莫过于有几个头脑和心地都很正直的、严明的朋友。"作为青春期女孩，你们处于心理断乳期，这时同伴的友谊对青少年非常重要，但你们青少年在结交朋友时，也要注意友谊的维护，要学会宽容。

首先，交友要平等待人，在人与人的交往中，朋友之间特别要求平等，不能因为父母身份的高低、家里条件的好坏、双方在学习成绩好坏、能力大小等方面的差异，对对方另眼相看。

其次，交友要学会宽容，在生活中，每个人都会有自己的处事方式，对待事情都会有自己的看法。朋友之间交往是求和谐，但也不是一味地投别人所好，而丢掉自己的个性。要允许朋友存在缺点或犯错误，也要给他改正和反省的机会。在与朋友发生矛盾时，要主动检查自己的言行有无失误，宽容是双方维系友谊的核心，宽容别人，也是宽容自己。

最后，交友还要把握好"度"。朋友之间要有空间、有缝隙。交往过密，反而容易出现裂痕。而把握好这个"度"，才能使朋友间的友谊地久天长。

人总是在一定的社会群体中生活的，协调好人际关系对于学习、工作，对于集体的形成与巩固，对于人在德、智、体、美、劳等方面的全面发展都有深刻的影响。朋友可以影响我们的人生，好朋友能温暖我们的心灵，在关键时刻给我们激励和鞭策，正确的交友之道是青少年必须要掌握的。

第六章
远离危险,学会保护自己的身体

1. 为什么要经常清洗下身

女儿的烦恼：

女孩小芩自小就有个良好的卫生习惯，就是每隔几天都洗屁股。小时候不以为意，觉得这是家里的卫生习惯。初中后，她在学校住宿，发觉同寝室的几个女生，每天晚上都要到厕所里，好像也是洗屁股。小芩开始纳闷，她问妈妈："经常清洗屁股看来是许多女生的习惯，那究竟是什么原因呢？"

妈妈说："女生注意下身的清洁很重要，因为女孩自身生理结构特殊，下身免疫力较脆弱，如果不保持整洁，很容易得妇科疾病。"

妈妈对女儿说的悄悄话：

女孩自身生理结构比较特殊，因为女性的肛门、阴道及尿道距离很近，这几个器官特点是：前面是尿道口，它的特点是无菌的、中间是阴道口需要清洁、后面是肛门其特点是污染的，因此女孩要特别注意排泄卫生。许多女孩像你一样，从小就有经常洗屁股的习惯。

因为如果肛门不注意清洁，其残留的脏污会携带病菌，进入阴道和尿道，引起生殖系统和泌尿系统感染。特别是女性在经期或产后，更容易受到感染。据世界卫生组织报道：50%～60%的妇科疾病性病和泌尿路感染是由外阴污染所致。

所以大便后用手纸应由前向后揩拭干净，并最好养成用温水清洗或冲洗肛门的习惯，若不揩净，肛门留有粪渍，污染了内裤，粪渍内含有的肠道细菌会趁机侵入，引起炎症。

肛门不洁，还易引起小女孩下身感染。因为小女孩的外阴尚未发育完全，尿道短且外口暴露，容易受污染，阴道抵抗力也低，一旦感染，细菌就可长驱直入，引发泌尿道感染、阴道炎等疾病。

因此女孩要勤洗屁股，也要适当清洗外阴。比如，每隔一星期在大便后要用温热水清洗肛门，清洗方式最好用温水淋浴方式，如果无淋浴条件用盆洗时，必须专盆专用。

用盆清洗时注意，手是病菌传播的主要媒介之，因此清洗阴部前应先洗净双手，然后从前向后清洗外阴，再洗大、小阴唇，最后洗肛门周围及肛门。

要有自己专用的清洗用具、毛巾。清洗用具使用前要洗净，毛巾使用后晒干或在通风处晾干，最好在太阳下曝晒，这有利于杀菌消毒。

女性性器官有自然的防御功能，这种自然防御机制主要是指在女性阴道内寄居着大量的乳酸杆菌，它们能使阴道内保持酸性环境，使其他致病菌不能生长。正常成年女性在雌激素的作用下，阴道分泌物的液体是酸性的，这就使女性的外阴环境呈酸性。

这种酸性环境是机体自我保护的一道天然屏障，可阻挡细菌的入侵，大大地减少了女性患尿道炎、阴道炎等疾病的概率。无论因为什么原因，如果阴道内的酸性环境被破坏了，各种致病菌就会乘虚而入,这时各种各样的妇科感染就难以避免了。

因此清洗外阴时注意,如非必要不要冲洗阴道,不破坏阴道的生态平衡,不让外界的病侵入阴道。不要使用碱性大的肥皂或高锰酸钾等化学物质,以免改变阴道正常的酸性环境。

有的人喜欢用肥皂洗下身,而肥皂是碱性物,使用肥皂洗下身,就会起到中和作用,无疑大大地削弱了这道屏障的作用。

小女孩尤其不能使用肥皂清洗下身,小女孩的尿液呈中性或弱酸性,由于尚未发育,雌激素缺乏,小女孩的阴道分泌物也很少,如再用肥皂洗下身,这道屏障就不堪一击了。局部清洗时最好也不要使用香皂,因为有些香皂的添加剂可致局部的接触性皮炎。

另外你要注意,阴部与足部要分开洗。内衣内裤要分开洗。

2.

驼背还能变回去吗

女儿的烦恼:

13岁的欣欣是个性格腼腆的女孩,进入青春期后,为了不让大家看见她微微凸起的乳房,平时总穿肥大的衣服,走路也总刻意含胸驼背,渐渐的,她走路背老是不自觉的地下来,在课堂上听课时保持着这种身姿,看书写字的时候也把头垂得很低。

欣欣的父母都是工薪阶层,平日里都忙着上班,周末的时候,父母总是会安排些活动一起娱乐和休息。那个周末,欣欣和妈妈一起去海边游泳时,妈妈突然发现,女儿穿上泳装后,身体有点弯曲,再一细看，欣欣竟然有点驼背了。

妈妈仔细端详女儿，发觉她两侧肩膀高低不平，妈妈还让她弯弯腰，发觉她背部平面一边高一边低。

妈妈说："欣欣你怎么有些驼背了？"

"我驼背了吗？"欣欣不相信地问。

"是的，你脱了衣服后，从身后细看，竟然有点'小罗锅'呢。"妈妈说道。

那天从海边回来，欣欣非常难过。回到家里，她站在大衣镜子前一遍遍端详自己，她反反复复地问妈妈："我还没有长大，怎么就变成了'小罗锅'了？"

妈妈说："青春期里，10～14岁的孩子驼背现象比较普遍，只要你肯努力，青少年得驼背还是可以矫正的。"

"妈妈，我一定会努力矫正驼背的！"欣欣高兴地说道。

妈妈对女儿说的悄悄话：

女儿，俗话说得好"站如松、坐如钟、动如风、卧如弓"，这形象生动地说明了日常生活中采取正确姿态的重要性。

然而正在青春发育期的你，由于平时不注意保持正确的姿势，运动不当或经常背部负重而引起了驼背，这不仅影响体形美，而且还会影响身体健康。

这是因为青少年的骨骼有机物成分较多，骨骼韧性较好，具有较大的可塑性，青少年若不注意坐立行走的姿势，骨骼易发生变形，很多青少年在不知不觉就弯腰驼背了。

如在课堂上听课时不注意坐姿；有些女孩在青春期，因乳房发育害羞而含胸驼背使脊柱侧弯；还有的是因为习惯性的低头造成的；也有的驼背是遗传的。但大部分人的驼背，还是自己平时的坏习惯造成的。许多青少年当时不注意，觉得驼背走路会舒服得多，等到驼背了，就会开始发愁，因为驼背的样子真的很难看。

通常青少年驼背，分为脊柱侧弯和脊柱后凸两种。脊柱弯曲既影响体形健美，又会挤压与脑、脊髓相关的脑神经、脊神经、内脏神经，造成神经障碍，导致青少年记忆力下降、反应迟钝、智商偏低。青少年发生驼背还会影响心肺发育，容易疲劳，不能耐受长时间的站立劳动，女性驼背还会影响生育功能。

因此亲爱的女儿，有了驼背就应该积极矫正，避免成年之后背部定型，矫正困难。

通常驼背是由于长期的不良姿势而导致的脊柱畸形，所以，为了矫正驼背，我们应该首先改正自己的不良姿势。平时一定要挺胸抬头地走路，无论在上课的时候，还是平时写作业的时候，都要保持自己的身体端正。要随时保持正确的坐立姿势，并养成良好的习惯才可以逐渐矫正驼背。

也可以在平时的生活中，通过睡姿来矫正自己的驼背。晚上睡觉的时候最好睡硬板床，不要睡过软的床，青少年正处于发育期，过软的床会影响脊柱的平直。睡觉的时候，很多人都喜欢用枕头，而用枕头的时候，我们的头部要比背部高一点，枕得越高，背部就越弯。对于背有点驼的人群来说，在睡觉的时候，应不用枕头躺平睡，长期坚持对矫正驼背也是有帮助的。

加强体育锻炼，增强脊柱周围的肌肉群对矫正驼背也会有很好的效果。还有，日常也要注意营养均衡，毕竟骨骼还是需要足够的营养才能健康发育的。

此外,你也可以购买驼背矫正鞋,这种驼背矫正鞋前高后低,穿上的时候会导致身体后仰,进而使人不自觉保持良好的体型,对矫正驼背有帮助。

3. 月经期的体育课怎么办

女儿的烦恼:

初二的女生小绪是个开朗活泼的女孩子,自从月经初潮后,就一直为上体育课发愁,平日里小绪酷爱运动,几乎每天都要跑跑步或者打打球,但是每次月经来的时候都不敢运动,因为听朋友说月经期间是不能运动的,经期运动容易造成妇科方面的问题。

因此一到体育课,小绪就跟体育老师请假,体育老师非常宽容和理解她,可看着同学们体育课上运动得生龙活虎,她自己有点闷闷不乐。

今年运动会举行前夕,体育课开始练体操走队列,小绪班级里几乎所有同学都报名参加体操走队列练习。小绪很想参加,但她又恰逢经期了,小绪有些惆怅。

于是小绪回家跟妈妈讨主意。

妈妈说:"月经是一种正常的生理现象。应尽量避免在经期里参加一些较为剧烈的运动,但经期适当的体育锻炼还有好处呢。"

"那我可以参加体操队列活动了!"小绪听后快乐地说。

"当然可以了。"妈妈说道。

妈妈对女儿说的悄悄话：

亲爱的女儿，当你初来月经时，一定非常紧张，甚至体育课也无所适从。其实女孩在月经期间参加适度的运动是有益的。

女生进入青春期后，由于你们身体发育的特点，而且由于部分女生在月经期会出现一些异常的生理反应，如腹痛、乳房胀痛、腰酸等，少数人有头痛、失眠、烦躁、易怒等，因此在经期应格外注意身体。每个女生几乎都会碰上体育课时正值经期来临的尴尬，从妇科的角度来看，我们建议女孩子在月经来潮时不要进行剧烈的体育活动，但适量的体育运动对女孩的身体是有益无害的。

月经期间，女孩不要参加剧烈的运动，如跳高、跳远、赛跑、跨栏等，否则会诱发或加重月经期间的全身不适，甚至引起痛经和月经失调。一些增腹压的力量性的锻炼，如举重、哑铃等也要尽量避免，否则会引起月经过多或经期延长。

另外，由于经期子宫口处于微开状态，细菌易侵入宫腔，会增加感染的概率，进而引起各种妇科炎症，因此月经期间不宜游泳。还有女孩在经期也不宜参加比赛，以免因精神过度紧张，导致内分泌失调而出现月经紊乱。对于有严重痛经及生殖器官炎症的女孩，经期最好不要参加体育运动。

但适量的体育运动对经期女孩的身体是有益的，可参加一些轻松活泼的辅助练习，如慢跑、太极拳、体操走队列等一些活动量小、强度轻、动作温和的体育活动，不但可以促进血液循环，减轻经期小腹坠胀和腹痛，同时还有助于分散注意力，保持精神愉快，能减少经期紧张、烦躁等不适感。月经期间适当的运动有助于神经系统的平衡，有利于血液循环，帮助腹肌、骨盆肌收缩及放松，有利于经血更顺畅地排出，也能起到一定的缓解痛经作用。

总之，女孩月经期是一个非常时期，月经期间适当运动有助于身体健康，但如果运动不当，则会给身体带来很大伤害，作为女孩的你，一定要注意哟。

4.
离家出走要不得

女儿的烦恼：

今年15岁的小俊，曾经是一个活泼开朗的可爱女孩。她喜欢文艺，但文化课在校成绩一直在中等水平，在小俊中考的时候，由于没有发挥好，上重点中学希望落空了，为此她十分沮丧，不想继续上学了，打算初中毕业就工作。父母都不同意小俊的选择，他们一家人争论了半宿，后来爸爸一气之下拍了桌子，小俊哭着回到自己的房间。

小俊决定离家出走，她揣着自己平时攒的几百块零用钱，坐车颠簸了四个多小时，在一所小城市的旅店住下。然而小俊找工作却很不顺利，她去过饭店、工厂，结果都因为她岁数小、没有文凭而不被录用，在她快失望的时候，在网吧里遇到一个胖阿姨，胖阿姨说外地有个地方招女工，不仅待遇好，而且年龄不限，小俊听后非常高兴。

当小俊跟胖阿姨准备启程去打工时，却对胖阿姨的举止产生怀疑，小俊询问工作地点，胖阿姨说得含含糊糊的，她还要求小俊把自己的手机交给她保存，小俊说自己没有手机，然后把手机藏了起来，胖阿姨还总监视小俊的行踪，让小俊心里有了警觉。她对阿姨说自己来月经了，来到宾馆小卖部买卫生巾，阿姨竟然也跟着她走到小卖部门口。

小俊有些慌了，她低声求救着跟小卖店营业员说了自己的经历和疑惑，营业员悄悄说："这个胖女人是给外地夜总会牵线的。"小俊问："夜总会是做什么的？"营业员压低声音说："黑社会卖淫的。"然后叮嘱完她就躲开了。

小俊极力压抑着自己的慌张，她拿着卫生巾上厕所。在厕所里，她掏出多日不用的手机，发现几天来妈妈已给她打了几十个电话了，她迅速地拨了妈妈的电话号码，当听到妈妈的声音时，觉得心里踏实了。妈妈叫她打110报警，妈妈也帮助她报警，妈妈还说她马上就过来找她。

当晚9时许，当妈妈来到派出所和小俊相见时，小俊和妈妈相拥而泣。民警提醒小俊妈妈，小俊接触的是卖淫团伙，警察已追踪好久了，幸好小俊没有危险，民警还说，孩子年纪还小，分辨是非能力尚弱，希望小俊父母看管好她。

经过几天颠簸，小俊回家了，这次离家出走，她经历了风险，也懂得父母让她继续读书的良苦用心，同意继续升学了，并决定再也不离家出走了。

妈妈对女儿说的悄悄话：

女儿，几年前，妈妈在出差中，遇到过两个女孩，她们是跟着去她们村招工的人进城打工的，结果进城后就被骗进大城市的夜总会里，后来虽然在警察的帮助下摆脱了这种生活，但是，她们的一生却从此被改变了。

妈妈很庆幸你能平安归来，妈妈能理解处在青春叛逆期的孩子们，强烈渴望摆脱家长的束缚、按照自己的意图和想法独立行事。

青春期是女孩执着地去追逐自己梦想的年纪，但同时也是个脆弱、敏感的年纪，当梦想与现实有巨大差距时，你们会感到困惑，会有挫折感；女孩还会因为和父母的想法产生分歧，觉得父母不"理解"自己而感到伤心。

每当这时，亲爱的女儿你不要一个人躲到角落里去偷偷地哭泣，或是把这些小挫折、小郁闷无限放大，把自己推向消极的边缘。要学会理解并接纳自己身上发生的事情，要学会经得起挫折，要相信爸妈是爱你的，无论你遭遇什么，爸妈都会和你一起去面对。

比如在这次中考成绩与自己期待的有落差时，不要过度失望，应该想到，在这个世界上，没有事事顺心的事，那些成功的人，往往都是历经艰难，在一次次的失败中爬起来的。就像爱迪生一样，在研制灯泡的试验中经历了一次又一次的失败才取得了成功。倘若当时爱迪生知难而退，那么，他就不可能发明电灯了。

没有一个人在一生只有幸运而没有困难，其实如果能在这个世界中寻找积极向上的榜样，就会有使自己变坚强的力量。家，是温馨的港湾。不过，无论多么温馨的港湾，也会有起风浪的时候，无论多么幸福的家庭，也会有遇到烦心事的时候。正确的做法就是要与家人沟通，理解父母的心情，千万不要意气用事，一赌气就离家出走。

中学生离家出走，很容易受到社会上不良现象和因素的影响。有的学生在外游荡，容易进入一些未成年人不能进入的地方，有的学生本来就有一些不好的行为习惯,离开学校后更加放纵自己。同时,有的学生在不良团伙的拉拢或坏人的教唆下很容易发生偷窃、打架等行为,甚至走向歧途。从收监的青少年犯罪案例来看,不少少女在别人的指使下犯下重罪,到了判刑时才知道自己走错了路,但已是后悔莫及了。

因此,无论在何种情况下,无论与家人、老师发生了怎样的冲突,我们都不能离家出走。出走不但给家人造成痛苦,也影响自己的健康成长,甚至影响自己的一生。

5.
未成年人不能饮用含酒精的饮料

女儿的烦恼:

15岁的晓琦过生日那天,请了几个朋友到家里聚会,面对满桌佳肴和小伙伴们的生日祝福,晓琦拿出父母酒柜中的几个瓶子,喝下了平生第一口酒。面对朋友惊叹的目光,她觉得自己潇洒而时尚,从那以后,每次聚会,她都要喝酒,甚至不醉不休。她说:"虽然酒醉滋味也不好受,但我要学影视剧里那些喝酒的女大学生和白领,要锻炼自己的酒量,她们喝酒的样子确实很酷。"

有一次晓琦去参加亲戚婚宴,回来时身上还带着醉意,妈妈见状后,开始阻止晓琦喝酒,妈妈说:"喝酒对人体有害,青春期女孩处于身体发育期,更不能多喝酒。"

晓琦不服地说:"能喝酒也是一种能力,我要学影视剧里那些喝酒的女大学生和白领，要从现在学起。"

妈妈说："影视中喝酒镜头是因为剧情需要，而且是成年人饮酒，青少年发育尚未完全，各器官功能尚不完备，对酒精的耐受力低，因而有害健康。"

晓琦听后醒悟道："我以为喝酒是件很潇洒的事情，喝酒还有损自己健康呀，那以后我再也不逞能喝酒了。"

妈妈对女儿说的悄悄话：

在不少女孩看来，喝酒是十分"酷"的表现。青少年最初染上饮酒习惯，很多是模仿成年人或影视作品中的某些形象，觉得饮酒标志着"独立、时尚"，但是，亲爱的女儿，饮酒对青少年身体伤害是十分巨大的，对此你一定要有所了解。

酒是含有多种化学成分的混合物，酒精是其主要成分，其他化学物质可分为酸、酯、醛、醇等类型。酒精无须经过消化系统就可被肠胃直接吸收。酒进入肠胃后，再进入血管，饮酒后几分钟，迅速扩散到人体的各个器官。

青少年发育尚未完全，各器官功能尚不完备，对酒精的耐受力低，对酒精的危害更为敏感。年龄很小就大量饮酒可能损害神经功能，饮酒后，不仅神经反射的速度显著减慢，酒精对脑细胞损害也相当大，对大脑极为不利，造成学习效率降低，在体育比赛中难以创造出理想的成绩，还容易发生事故。

酒随着血液扩散到人体，然后经过肝脏解毒，青少年肝脏发育尚未完全，处理酒精的能力差，因此组织器官和各个系统受到酒精的毒害较成人更深，更容易发生酒精中毒及脏器功能损害。如中毒性肝炎和脂肪肝病变、慢性胃炎、消化不良症等。

而且女性体内参与酒精代谢的酶较少，分解乙醛的能力较弱，特别是在女性经期的时候，会使酒精在体内维持较高的浓度，醉酒的时间就会加长，引发肝脏机能障碍的可能性就加大了。饮酒不仅对女性的肝脏、胰腺有很大的伤害，而且会造成月经不调、不孕。长期饮酒，可引起营养和代谢失调，造成蛋白质、维生素及矿物质供应不足。青少年饮酒，还容易引起肌肉无力，能危害生殖细胞，造成性发育早熟，导致后代的智力低下。

未成年人在任何情况下，都不能饮用含酒精的饮料。

第七章
找到方法,让自己爱上学习

1.
学习不是为了父母，而是为了你自己

女儿的烦恼：

读小学六年级的小雪，学习的目的还不太清楚，她总认为是为了父母而学习。有一次妈妈让她做作业，她就发脾气了，不耐烦地说："你总这样看着我学习，烦不烦呐，我这样辛辛苦苦学习都是为了你们。"

妈妈惊奇地问："你觉得学习是为父母学呀？"

小雪说："那你们为什么总逼着我学呀？"

妈妈说："看来你对自己的学习目的还不明确吧？"

"那你说，我为谁而学？"小雪问道。

妈妈说："学习首先是让你掌握祖先留下来的知识，学习还会让你学会立世本领，学习还能让你得到精神享受，通过学习让你变得智慧聪颖。"

"妈妈，我明白了。"小雪欢快地说，"以前你们总看着我学，我就以为学习是为了达到你们的愿望，其实都是为了我好。"

妈妈欣慰地笑了。

妈妈对女儿说的悄悄话：

亲爱的女儿，当你成为一名学生的时候，或许对自己的学习目的还不明确，不懂得自己为谁学习，甚至觉得是为父母而学习，其实你们都是为了自己而学习的。

要生存就要学习，我们看到，小鸡从鸡蛋壳里一钻出来，就开始学习了，母鸡在教小鸡找吃的，小鸡看着母鸡的样在学着，动物的学习都是靠一代传一代，这种学习是指学习直接经验。现在的师傅带徒弟，徒弟向师傅学习也是学习直接经验。而我们人类与其他动物不同的是，随着人类文明的到来，祖先的经验都有了文字记载，这样就可以把人类几千年积累起来的经验传给下一代，这就有了学校。

学校教育就是学习前人的间接经验，我们的生命是有限的，学习书本上的知识，就等于把我们的有限的生命拉长了，学习使得我们阅历丰富了起来。

学习也是为了升学，为了考上一个好的大学，将来谋一个好的职业。因此说，好好学习，也是为了让你将来能更好地选择人生，作家龙应台曾对儿子说过："孩子，我要求你读书用功，不是因为我要你跟别人比成绩，而是因为我希望你将来会拥有选择的权利，选择有意义、有时间的工作，而不是被迫谋生。"这段话对所有求学的孩子都适用。

学习也能让我们获得精神上的享受，学习就是获取知识的过程，是从无知到有知的过程。人天生就有发展的需求、认知的欲望，通过学习，你的智慧得以增长，思想得以丰富，素质得以提高。有的人甚至将学习看成生命中的一部分，例如李白、杜甫等诗人，他们的知识和才华满足了他们的精神追求，使他们真正做到了快乐学习。

你作为一名青少年，应该把学习看成是自己生活中不可缺少的一部分，看成生活的需要，学习也蕴藏着五彩缤纷的世界，它并没有我们想象中那样枯燥乏味。当你对学习有了浓厚的兴趣，你就会变得快乐，对前途充满信心和期待。

在学校里，你要充分利用学校资源，好好利用这段时光。要为自己的学业、自己的人生负起责任。为自己的教育设定理想的目标，并尽自己最大努力来实现自己的目标。

2.

逃学的孩子不被人喜欢

女儿的烦恼：

15岁的女孩小爽心里厌倦透了学习，她整个生活的核心就是学习、学习、学习。平日里天天上学就够烦躁了，周末父母还让她上什么补习班，每天回家吃完晚饭，她就必须回到自己的房间写作业。妈妈还总探头观望并和她说："你就不能早点做完？想给你安排点额外的学习任务行不行？"

小爽厌倦透了学习，她为了少做一点作业，甚至想办法瞒过课代表不交作业，后来有一天早晨背着书包上学时，没有去学校，而是去网吧玩游戏，从那以后，小爽就开始逃课，直到有一天，班主任老师给妈妈来电话,告诉她小爽没有去上学时,她逃学的事情才败露了。

当妈妈在网吧找到女儿后,没有领她回家,妈妈对小爽说:"如果你不喜欢读书,就只能工作了,你看看你现在适合什么工作,找到工作后我们就退学回家。"

于是小爽跟着妈妈一起去找工作。

她们先是去了一家快递公司,这个快递公司面向社会招聘文员,但要求有大专以上学历,小爽显然不符合。妈妈又领女儿到一家工厂,这家工厂需要的是18岁以上有工作经验的熟练工人,15岁的小爽显然又不合格。

后来妈妈领着女儿去了少年管教所,这里招聘的是能吃苦耐劳的保洁员,小爽虽然不符合条件,但是妈妈领着她参观了少年管教所,少年管教所里就住着一些曾逃学的人,因为受到社会不良引诱犯罪了,正在接受改造。

妈妈说,你是个聪明的孩子,求学的时候选择逃学,没有学会本领,没有一技之长,将来也不被社会接受,你说你将来能做什么?

小爽听了妈妈的话,低垂着头,她说:"妈妈,我明白了,以前你让我用功读书,都是为我好,为了将来能够更好地生存,我决定不再逃课了,我要好好学习,继续读书。"

妈妈对女儿说的悄悄话:

在中小学校园里有一种逃学现象。逃学的含义是学生在正常上课期间,在老师未发现的情况下离开学校。

中学生逃学的原因有几种,有的是因为与老师或同学相处不好，有的是觉得学习内容太难，学不进去，也有的学生逃学是因沉迷于网络不能自拔。还有一种原因是现在大部分家庭都是独生子女，家长对孩子期望过高，使孩子在超负荷的状态下产生对学习的厌倦心理，孩子学习压力大，精神和身体上都受不了，以逃学来表示反抗和不满。

作为青少年，应找出自己逃学原因并加以改正。

目前学校的一些学生因学习不好而逃学的居多，其实在学校期间，我们更应该全方面发展自己的能力，学习成绩只是代表你的学业成绩，并不代表你其他方面的成绩，也不代表你的人生之路。

古往今来，学习成绩不好，但是成为成功人士的名人不胜枚举。只是，你要成功就要把基础打好，如果可以的话还是要好好学习，哪怕成绩不一定出类拔萃，要学会如何去思考，如何去做人，如何锻炼自己的能力。

逃学是种不好的现象，多次逃学的学生可能会养成习惯性逃学，渐渐地与集体疏远，对老师和同学相抵触。逃学也为学生产生不良行为提供了机会，因为这种学生正是坏人教唆犯罪的对象。其结果往往导致辍学，并常常同违法犯罪行为紧密相连。

因此，亲爱的女儿，当有一天，你也开始厌学逃学时，一定找出自己逃学的原因，并停止这种行为。

作为青少年，应该懂得，我们学习是为了自己。我们每个人都有闪光点，也许学习不好，但是在其他方面有你的长处，发现自己的闪光点，并努力挖掘出来。相信自己，只要努力，只要坚持，总会有自己很精彩的地方。

3.
即使不会，也不能作弊

女儿的烦恼：

13岁的素素是个学习勤奋的女生，不但学习成绩好，还是班级里的三好学生，老师和同学都很喜欢她。可是这次期中考试成绩公布后，素素愤愤不平，因为考场上监考老师松懈，一些同学抄袭作弊，素素由班级里的前五名落到第十二名。班级里的几个后进生成绩都突飞猛进，有的进入前几名。考试成绩公布后，素素拿着考卷回来后，心中异常苦闷。

妈妈问："你是后悔自己没有作弊呀，你若作弊成绩是不是会高些呢？"

素素说："当时我有一道大题不会做，我也想作弊，但是我拿着书本偷看时，心里有说不出的紧张，焦虑得根本看不清书本上的字，后来干脆不偷看了，凭本事答题，若没有偷看时耽误的时间和心里的焦虑，我这次考试可能会答得更好些。"

妈妈说："看来考试作弊没有什么好处！这是一种自欺欺人的行为，它并不能使考生得到任何实际的利益，如果可以作弊，学生就不会用心学习，也就没有学会应该掌握的知识，荒废学业。"

"考试作弊真没有什么好处，即使考题不会做，我也不作弊。"素素说道。

妈妈对女儿说的悄悄话：

女儿，妈妈很欣赏你的一句话："即使考题不会做，我也不作弊。"因为考试作弊绝不是"一桩小事"，而是事关如何做人的大事。

现在学校有种怪现象，就是一些学生在考试中作弊。之所以说作弊是种怪现象，是因为其与学生学习目的和学校的作用相抵触。

我们学生在校目的是为学习知识，而考试是测试你对某门课的掌握程度，通过考试可以知道自己这门功课的掌握情况，便于以后努力。考试也可以评估教师的教学质量，了解哪些课程教得好，哪些课程需要加强，利于以后教学。

作弊原因是一部分同学因虚荣心作怪，中学生具有强烈的成人感和自尊心，希望得到别人的认可，虽然自己学习不好，他们也想在考试中取得好成绩。还有一种投机心理，平时学习不努力，到考试时候又想依靠作弊蒙混过关。也有些学生看到别的同学考试作弊轻而易举，就感到考试成绩不公平，于是也加入到考试作弊的队伍之中。

当然所有考试作弊的原因都希望考试能够有更高的分数，也反映了现在中学生中的一种认识偏差，过重地看待成绩，而忽略了其他方面的学习。其实在校学生应注重德智体美劳全面发展，而作弊这种不良行为对青少年的成长是十分不利的。

首先考试作弊这种现象，践踏了社会的诚信理念，危害了作弊者本人和其他人的心理健康，加剧了社会的信用危机。考试作弊行为还会助长学生投机取巧的心理和弄虚作假的歪风，会导致学生虚荣心一天一天的膨胀。

考试作弊得手后，作弊考生不以为耻，反以为荣，这有意无意中学会了对不正确、不守规则等欺诈与作弊行为的认同与宽容，久而久之会造成中学生道德观念的缺失。如果考试可以作弊，一些学生就不会学习，也就没有学会应该掌握的知识，致使学生荒废学业。

4.
学会合理安排自己的时间

女儿的烦恼：

在中学上初二的蓓蓓是班里最勤奋的学生了，课外活动时间，别人都到外边打球、跑步等做一些活动，而蓓蓓从不离开教室，一直坐在那里埋头看书。回到家里，也是吃过饭就到自己的书房里去看书。看到孩子这样自觉地学习，她的爸爸妈妈非常高兴，可是，蓓蓓虽然学习刻苦用功，成绩却总也提不高，这让妈妈觉得纳闷。

妈妈知道，蓓蓓自小就是个聪明的孩子，那到底是什么原因导致她成绩提不上去呢？一次偶然的机会，蓓蓓的妈妈发现，蓓蓓坐在那里学习时，半天没翻一页书，有时困了就趴在桌上休息一会儿，也不肯上床睡觉，一连观察了几天都是这样，妈妈终于明白了，蓓蓓看着很勤奋，其实她并没有真正投入到学习中去。

于是，当蓓蓓再趴在书桌上睡觉时，妈妈就劝她到床上好好休息。

"妈妈，我知道学习重要，不愿浪费时间休息娱乐，可是我常常学不进去。"蓓蓓认真地说。

妈妈说："学习时一定要专心投入，我们常见到有一些学生用于学习的时间并不怎么多，而学习成绩却很好，他们的共同特点是：学习时投入地学，休息时尽情地玩。人的学习成绩与其所用的学习时间并不完全成正比关系，学习要讲究学习效率。"

"妈妈，我们班级就有这样的学生，我好羡慕他们呀，我能做到吗？"蓓蓓满怀希望地问。

"所以要学会管理自己的时间呀！"妈妈说。

妈妈对女儿说的悄悄话：

女儿，时间对每一个人来说都是公平的，而用同样的时间所产生的学习效果对不同的人来说却往往相差很大。所以作为中学生的你，无论是想有好的成绩还是有好的成长，管理好自己的时间就显得很重要。

学习必须有重点，所谓重点一是指自己的学习中的弱科，二是指各学科中的重点内容。每次开始学习之前，都要给自己规定一个在这段时间内应完成的任务量，以其来约束自己。注意学习时一定要聚精会神，要注意劳逸结合。因为学习是由大脑的不同部位支配的，变换学习的方式和内容可以使大脑皮层的某个部位由抑制状态转为兴奋状态，从而解除神经细胞的疲劳，使大脑得到休息。一般来说，学习一门功课的时间以 1~2 小时为宜，换学另一门功课时，中间最好休息 5~15 分钟，这样可使大脑得到适当的休息，从而提高学习效率。这样，即使整天用功也不会觉得疲倦。

学习要确定学习的目标和学习的重点，还要抓住学习的最佳时间，如早晨记忆力好，你可用来背诵外语、公式定律、政治历史等。

下午可以学习轻松一点的科目,如回顾、复习全天学过的东西,归纳整理笔记等,晚上用来攻克难题,这样安排往往会取得较好的效果。

学习也讲究心境。一般来说,人在心境不好或大脑不太兴奋时,学习比较复杂或不感兴趣的内容,往往难以进入状态,学习效率较低。这时候可以采取先从比较容易的科目、自己比较感兴趣的内容学起,经过一段时间,待心境、大脑状态好转后,再转学较难的、不太感兴趣的内容。相反,如果开始时心境及大脑状态都比较好,则应先复习较难的、不太感兴趣的内容,然后再复习较容易的、有趣的内容,这样学习效果好。

学习还要抓住学习最佳时机,合理安排时间,提高复习效率。大块的连续时间最好用来钻研思考数理化,长时间复习同一科目容易疲劳,可以轮流复习,有利于大脑休息。而课间、睡前等零碎时间也可以利用好,利用间隙时间的方法多种多样,如每天晚上休息前,准备好一到两张"小纸条",上面可以是理科的公式定理,可以是英语单词或是语文上的名句,有空就拿出来读一读。在蹲厕所、排队买饭、等公交车等间隙时间,你都可以利用起来。这样长久地坚持下去,肯定会让你每天都有进步。

当然,在实际学习中,你会逐渐总结出自己独特的学习习惯。时间对每一个人来说都是公平的,有效利用时间,可起到事半功倍的效果。

5. 明明背会了，一见到老师就紧张忘记了

女儿的烦恼：

13岁的玲玲是个性格内向的女孩，在班级里学习一直保持中等水平，她有个特点，就是背课文慢。有时在家明明背会了，在学校给老师和同学背诵时，一紧张就什么都忘了。后来一看见要背诵的课文就害怕，那天放学老师布置了背课文的作业，回家后她不安地在客厅里走来走去，嘴里念叨着："老师明天提问背课文，千万别提问我呀！"

妈妈听了笑着说："其实你应该争取让老师多提问你几次，你胆子那么小，课堂上背诵时，一紧张就忘了，就是缺乏公开场合锻炼自己的机会，多锻炼几次，上课站起来回答问题就不会紧张了。"

"但我背东西真的很吃力，我背课文时读了好多遍也记不住。记住了也不深刻，课堂上站起来背课文时，脑袋一片空白。"玲玲烦恼地说道。

"你要学会掌握背课文的技巧，当你把这些东西背诵熟练到即使紧张也能背下来的地步时，在课堂上就能发挥自如，以后就不害怕了。"妈妈说道。

妈妈对女儿说的悄悄话：

女儿，许多学生都有你这样的经历，为背课文、背公式而发愁，

即使觉得自己会背了，但是课堂上老师提问时，一紧张就会忘记，这样不仅会影响自己的心情，还会影响自信，长期下去会危害心理健康。

其实你只要注意锻炼自己，这样的毛病就会克服。比如平时多参加一些公开的活动，尽量在公开场合锻炼自己，紧张心理就会自然攻破。

另外不妨多留意些记忆窍门和快速背诵方法。比如在背诗词或短文时可看一句抄一句，再看一段抄一段，直到看一篇抄一篇，达到熟悉课文内容时，再背诵就容易得多。也可以把课文先读两三遍，读熟了后再一句一句地背，然后再串起来背，多巩固几遍就可以背得滚瓜烂熟了。背的过程最好静下心来用大脑想，用心体会课文的内容，也可以用手默写，这样记忆就会深刻。可逐句延伸背诵，即背会第一句，背第二句时把的一句连上，背第三句时再把第一二句连上，循序渐进，直到背下全篇课文。还可以采用穿线法，列出文章的提纲，或者掌握故事的起因、经过、发展、高潮、结果等具体情节，也可以记住文章中依次出现的几个人物，穿起线来背就容易得多了。把自己要背的东西录音，然后播放，反复听，反复记，比单纯反复朗读效果会更好些。

记住背东西需要三动，就是嘴动，脑动，心动。嘴动是说出来，心动是用心记，脑动是用脑记忆。三动结合你就会背了，背东西也要注意巩固，如白天背诵的东西晚上巩固一遍，晚上背的知识早上巩固巩固会加深记忆，背诵效果也好许多。

总之，背诵课文、英语单词、定义、公式等，不仅需要耐心，还需要技巧，还要锻炼自己在公开场合正常发挥的能力。其实只要你略微努力，就一定会在这方面战胜自己的。

6.
你很棒，别气馁

女儿的烦恼：

女孩点点是高三的学生，初升高中时，点点的成绩居全年级中等偏上，进入高中后，点点每天早起晚睡，然而，实际情况却让点点失望，面对每况愈下成绩和即将临近的高考，她经常茶饭不思、辗转反侧难以入睡，为此郁郁寡欢。

妈妈说："不要因为学习成绩不好，给心理造成过大压力。其实每个人都有出彩的地方，成绩差的同学，也不等于这一辈子都不能出人头地。每个人都是与众不同的，都有闪光点，也许学习不好，但是在其他方面有长处。"

点点疑惑地问："那我将来能做什么呢？"

妈妈说："兴趣爱好、个性特征是最重要的因素之一。智慧并不产生于学历，而是来自对于知识的终身不懈的追求。在社会上要工作得出色，要依靠很多方面的能力，比如说你的社交能力强，管理能力强。一个人最重要的是发现自己的闪光点，并努力挖掘出来。相信自己，只要努力，只要坚持，总能有机会让自己出彩。"

妈妈对女儿说的悄悄话：

女儿，妈妈给你说说我的故事：高考那年，我考了600多分，成功地上了重点大学,妈妈的同桌只考了200多分,去了建筑工地做了泥瓦匠。二十年后我们高中同学相聚时,同桌已经成为一家房地产开发公司老总,所有同学中,他是最成功的一位。当年我们同学中学习好的和学习差的,都在社会各个角落里,闪着自己的光亮。

妈妈的意思是,不要为自己学习成绩差,或者考不上大学而忧愁,没有人是愿意失败的,每个人都是可以创造价值的。人生不可能一帆风顺,有高潮也有低潮,如果经历一次小小挫折就收场,那你就永远不会成功。因此不要为一时成绩不好而气馁,只要经过恰当的引导,每一个人能够把自己的潜能发挥出来,在社会上取得良好的成绩。

列夫·托尔斯泰在青年时期不好好读书,考试不及格,老师把他降了班。他赌博、借债、鬼混。后来他醒悟了,从此,托尔斯泰的生活发生了很大的改变。在不断反思自己的过程中,他成为俄国的一代文豪。

爱因斯坦在上小学和中学时,他的功课很平常。由于他举止缓慢,不爱同人交往,老师和同学都不喜欢他。老师因为怕他在课堂上会影响其他学生,竟想把他赶出校门。16岁的爱因斯坦报考了工业大学,可是入学考试却以失败告终。爱因斯坦最终成为美国物理学家,是现代物理学的开创者和奠基人,这跟他付出的努力是分不开的。

以上所列举的精英,他们都曾是老师眼中的笨蛋,班上的落后分子,最后却为社会乃至世界做出了卓越的贡献。正是这些失败,让他们在成长的道路不断摸索,最后做出了令人敬畏的成绩。

人的一生,会遇到各种各样的变故,这是特别正常的事情。毕竟一帆风顺的人生在现实中是少之又少。其实每一个学生都是与众不同的,有自己独特的天赋,明确自己所长,挖掘自己的潜力,就能创造出美好的人生。

8.
从哪里跌倒就从哪里爬起来

女儿的烦恼:

15岁的小夕读初三,最近她的心情很不好,因为一连两次的考试,她都没考好。在第一次落后的时候,她就想凭自己的努力恢复到以前的水平,没想到她在考数学时,因一道大题马虎了,数学才考了60分,很多同学都考了80分以上。面对这么低的分数,小夕很受打击,她可一向以数学成绩好而自豪的。

从此小夕对学业十分抵触,早晨不乐意去学校,觉得自己怎么努力也无用,上课精力也不集中,作业也马马虎虎。

那个周末放假在家,黄昏时,小夕和妈妈一起去菜市场买菜,小夕在路过垃圾堆附近时,不小心踩到一块有些腐烂的西瓜皮,随着"哎呀"一声惊叫,她跌倒在地,在周围人吃惊的目光里,小夕狼狈得不知如何是好。

妈妈看着小夕倒下先是吃惊,但并没有伸手来扶,只是说:"跌倒了,还能倒在地上不起来吗,自己想法站起来呀。"

小夕快快地站起来,当时很讨厌妈妈的做法,觉得她一点都不关心自己。

妈妈却笑着说:"你这不是自己重新站起来了吗?!在学习上也应该这样。没有失败就不知道成功的喜悦,所以不要怕跌倒,只要跌倒了还能爬起来就是好样的。"

小夕在妈妈的话里沉默下来,她觉得妈妈说得对:"从哪儿跌倒了就得从哪儿爬起来,她还能倒在地上不起来吗?!"

于是小夕决定改变自己的偏科现象,还要注意在考试中不再"马虎"。加强对作文的练习,随着她学业成绩的提高,她的学习信心也增强了。

妈妈写给女儿的悄悄话:

在人生的道路上,每个人都会遇到挫折,每个人都有面临困难和失败的时候。但在哪里跌倒就在哪里爬起来是不逃避失败的一种态度,也是一种自立精神体现。

有的人是学业失败,有的人在友谊中失败,有的人是在奋斗中失败。人们都有一个通病,就是害怕跌倒,害怕输。但情况又分为两种:一种是跌倒了立刻爬起来,另一种是跌倒了便再也爬不起来了。

所以当你面临这种情况的时候,应该想到,谁没有失败的时候?谁没有跌倒的时候呢?

发明大王爱迪生在他发明电灯时,曾失败过无数次,但他不气馁,反而积累了更多的知识,最终功夫不负有心人,成功地发明出了电灯,为人类的进步做出了卓越的贡献。

霍金21岁时患上了重病,他也痛苦过,但他勇敢地重新开始,努力钻研,最终成了一位伟大的天体物理学家!

因此作为青少年,不要因为某一个梦想未曾实现,而放弃你所有的梦想；不要因为某一次努力失败，而放弃所有的努力，不要因为某一个朋友曾背叛你，而怀疑一切友谊……

跌倒了，再爬起来，胜不骄，败不馁，是中华民族的传统美德。如果我们中华民族没有这种精神，我们中国还怎样屹立于世界民族之林。作为青少年也必须有不怕跌的精神，这样我们才能在竞争中不被淘汰，才会越来越强盛，才能走向自己的灿烂人生。

跌倒了，就再爬起来。即使跌倒了 100 次，也要从第 101 次重新开始，这是一种成熟的人生态度。在人生的道路上，总会有新的机会、新的力量在等待着你。成功不在于永远不跌倒，而在于每次都能从跌倒的地方站起来！

作为青春期的女孩儿，你一定要相信自己，无论是在学业上，还是在生活里，只要自己努力，就一定能够成为更好的自己。

9.
哭泣不能解决问题

女儿的烦恼：

11 岁的女生小乐是一位特别脆弱的学生，她实在太爱哭了，遇到困难时，她会哭；被老师批评时，她会哭；每学期的成绩不好也会哭；和同学闹别扭了也会哭。

那天学校组织学生打扫卫生，小乐负责擦班级走廊窗户的玻璃。当她踩着板凳站到窗台上时，发觉有块窗玻璃有裂纹，她把情况跟老师讲，可老师听小乐汇报后，到窗前看了看就问："这玻璃是原先就坏的还是你不小心碰坏的？"

小乐听后，什么也没说，就哭着从走廊跑出去了，觉得老师委屈自己了，后来自己悄悄走回去，完成了打扫卫生的任务，但是心里始终很惆怅。

那天回家她把事情经过告诉妈妈，妈妈说："今天这件事不是你干的，老师问你的时候，你一句解释都没有就开始哭，难道你没有想想应该怎么去解决这件事情吗？"

小乐说："我也不知是怎么了，平常只要别人对我稍有恶意，就很容易哭起来。"

妈妈说："你从小就爱哭，现在你长大了，要改变自己遇事躲避爱哭的习惯，要知道哭并不能产生任何作用和效果，动辄哭泣是一种错误的行为，遇到问题应该想办法去解决，要相信自己能够解决问题。"

妈妈对女儿说的悄悄话：

哭，是人类的一种情感流露，亦是人类表达情感的一种方式。当人内心极度痛苦时，哭是一种发泄方式，哭后能使人心情畅快。哭也是小孩子的武器，幼儿不会说话时，用哭声表达自己的需要，大人听到哭声，就会帮助孩子解决问题。

但是，亲爱的女儿，随着你的逐渐长大，就应该学会独立了。因此平时要学会控制自己的情绪，学会自己解决问题。有时女孩子遇到问题老爱哭可能是性格懦弱，敏感，像小时候一样企图以哭来阻止别人对她的伤害。也可能是缺乏自信，对任何事都觉得困难。尤其当父母、师长鼓励她学习某种新事物时，总是害怕做不来，战战兢兢地不敢尝试，于是未开始学习就先哭起来。

这跟你小时候的成长经历有关，小时候一遇到自己无法解决的事就一个方法：哭。父母一看到就心软，就帮助你解决了。

现在我的女儿长大了，要改变自己遇事躲避爱哭的习惯，要知道哭并不能产生任何作用和效果，动辄哭泣是一种错误的行为，遇到问题应该想办法去解决。有些问题自己解决不了时，可以告诉父母，可以向老师求助，还要多与其他小伙伴接触，看看其他孩子是怎么解决问题的，这样就不会凡事都感到害怕，慢慢地胆子就壮大起来。

当然，哭泣也能调节情绪，当你遇到负面情绪时，哭泣是你情绪宣泄的出口，对于心理调节来说会哭是非常大的优点。

记得用理智的方式方法来加以调整和解决。比如你心情不好想哭时，就问问自己是什么造成了今天这么糟糕的感觉？努力将心理调适到最佳状态。

此外要常常自我激励。用生活中的哲理、榜样来激励自己，相信通过自己切实的调节能避免在公开场合哭泣的情形。要鼓励自己遇事不惊，保持心情舒畅，从而达到消除负面情绪的可能性。

第八章
好女孩要学会抵制诱惑

1.

珍惜生命，远离毒品

女儿的烦恼：

17岁的小坤是高中一年级学生，这天回家神色显得有点紧张，她问妈妈："什么是毒品？我们学校男生小勇，因吸食海洛因成瘾被送进戒毒所了。吸毒那么可怕吗？他染上毒瘾在半年就花去了数万元。还到处行窃，在短时间内作案20余起，窃得物品价值4万余元，都用于吸毒了。"

妈妈说："毒品是指鸦片、海洛因、吗啡、大麻、可卡因以及国务院规定管制的其他能够使人形成瘾癖的麻醉药品和精神药品。具有成瘾性的毒品，分为麻醉品与精神药物两大类。毒品之'毒'就表现在它能使吸食它的人产生短暂的'飘飘欲仙'的感觉。让人在不知不觉中上瘾。毒品摄入体内，会导致体内重要系统及器官受损，一些疾病则会乘虚而入严重影响人类健康。吸毒极易上瘾且戒掉极难，当一个人吸毒成瘾后一旦中止，便会产生多种身体上的不适，使用者无法从精神上和身体上摆脱对毒品的依赖。长期吸毒的青少年，会丧失对人际交往的兴趣，对生活的热爱，学习对他们来说再也没有意义。没有钱购买毒品时，他们就会不择手段地去偷、去抢，丧失了人起码的尊严，甚至走上贩毒，抢劫、杀人等犯罪道路。"

"吸毒这么可怕呀，难怪我们学校小勇，那么快的就走上了犯罪道路，小勇是偶然去KTV被社会上小混混骗去吸毒的，从此染上毒瘾，却出现这样的结果。吸毒太可怕了，我们应如何预防呢？"小坤问道。

妈妈对女儿说的悄悄话：

当今世界随着毒品泛滥，由毒品而引发的违法犯罪活动在不断蔓延，给社会治安和人民身体健康带来严重危害。而你们青少年正处于生理、心理发育时期，心理防线薄弱、好奇心强，使得青少年成为易受毒品侵袭的人群，因此你们青少年学会预防毒品非常重要。

要谨慎交友。如果你的朋友有恶习，你也会跟着模仿；如果你的朋友吸毒，你禁不起诱惑也要尝尝，那么，你就有可能和你的朋友一起走进吸毒人群，毁灭了自己的人生。

要避免涉足娱乐场所。因为在这样的场所社会上各式各样的人都有。如歌舞厅、游戏室、赌场。毒贩子会经常寻找出入复杂场所的青少年下手，因为相对成年人来说，青少年毕竟阅历少，容易上当，一旦吸毒上瘾，就可以任他们随意摆布了。

还有，由于处于青春期的少年男女对许多事物都喜欢尝试，容易产生对毒品的好奇心。因此青少年应有技巧地对"引诱"和胁迫说"不"。因为好奇心若超过了一定的限度，就是一种不健康的心理。

生命对于每个人来说只有一次，作为青少年，你要深刻认识毒品的危害，构筑坚固的心理防线，提高警惕，避免上当。

2.
游戏很好玩,但要适度

女儿的烦恼:

15岁的女孩小迪,在放假前有好多打算:放暑假时,除了完成老师布置的假期作业外,还要加强英语和作文的练习,以弥补自己的偏科现象。放假时,妈妈也再三叮咛她:"再开学后你就上初三了,一定要利用假期把自己的偏科现象纠正过来,这样才有可能在中考中获胜,这个假期的时间可要好好利用啊!"

起先小迪还能安心地做作业,安心地看看英语,写写作文,闲暇的时候,她喜欢上网吧玩游戏,可是她在网上玩着玩着就上瘾了,因为她渐渐发觉,网络游戏是一个超大规模的虚拟社会,玩家在游戏中要扮演一个角色,不仅要考虑挣钱、升级和改进装备,还要随时防备其他人和怪兽的突袭,远交近攻,尔虞我诈。晋升到更高的级别时,就有更多的资源,有更大的权力,同时也面临更大的危机,极富挑战,让人欲罢不能。

她不自觉地沉迷网络,在网吧一玩就是一天,花钱如流水,除了网费外,玩游戏还要买卡,不过半个月时间,小迪就把妈妈给的2000多块钱都用来上网玩游戏了。

那天吃午饭的时候,小迪才发觉没有钱了。晚上回家就跟妈妈伸手要钱,妈妈这才知道,小迪最近迷上了在电脑上玩游戏,小迪放假后,根本没有用功学习,每天的大部分时间都泡在网吧里玩电脑游戏了。

妈妈说："通过网络玩游戏，可以从中学到一些知识，不过，如果沉迷于网络游戏，甚至成瘾，不但会荒废学业，还会影响身体健康，甚至会引起一些心理问题。"

小迪联想自己最近的生活，整日沉迷于网络游戏，过得浑浑噩噩，不但荒废了学业，还耗费了金钱，甚至忘记了现实中的生活。

小迪再也没有玩游戏，因为新学期就要开始，她得抓紧时间学习了，不然她真的会成为了班级里的落后生了。

妈妈对女儿说的悄悄话：

网络游戏作为一种现代娱乐项目，上市以来一直受到孩子们乃至成年人的青睐，你上网玩玩网络游戏无可厚非，毕竟通过玩游戏，可以从中学到一些知识，也能锻炼你的思维和创造能力。但是，作为青春期女孩，你也要注意，网络游戏虽然有趣，但要适度，不然会给你的生活带来危害。

玩电脑游戏会影响你的学业。如果玩电脑游戏的时间过多的话，那么，你用来学习的时间就必然会大大地减少。

长时间地玩电脑游戏，对你的视力和健康十分有害，长时间上网容易造成大脑缺氧，从而造成精神萎靡，眼睛长期处于紧张状态容易造成近视。

上网还容易让你患上孤独症，整天沉溺于幻想中脱离现实，而当你真正面对社会和人群的时候，就会产生退缩感，不敢正常与人沟通。有的学生甚至会模糊了真人和游戏对象的区别，许多中学生因为打一些暴力游戏，常常无意识地模仿游戏来对待身边的人。

网上玩电脑游戏，还特别浪费金钱，作为学生零花钱主要依赖于父母，为了能够到网吧玩电脑游戏，你们必然会想办法向父母要钱，或者东拼西凑、挖空心思地弄钱，有的同学甚至因此而走上了犯罪的不归路。沉迷于网络，还容易接受网络的不良信息，网络是虚幻的，很容易接触到一些骗子，青少年人身安全得不到保护，加上青少年的分辨能力又差，很容易走上弯路。

因此，作为青少年，你一定要把握好自己！切不可沉迷于网络游戏，那会对你的生活造成许多危害。

3.
小说很精彩，上课也忍不住想要看怎么办

女儿的烦恼：

17岁的女孩小旭很喜欢读青春偶像小说、看偶像剧，小说中大多是郎才女貌的美好的爱情故事，书中和剧中的男主人公也普遍勇敢、多情、富有，并拥有英俊潇洒的外貌，小说里的爱情大都有着甜蜜的爱恋、完美的结局，让涉世未深的小旭非常喜欢，朦朦胧胧中脑海里幻想着自己的白马王子。

一次，小旭从同学那里借来了一本小说，因为人家只给几天阅读时间，而小说的情节实在吸引人，她忍不住就在课堂上看了，当时看得聚精会神，把学习都抛在脑后了。

当老师在课堂上提问她时，她根本没有听到，后来老师突然走到她身边发现了她的秘密。就这样，小旭被老师叫去办公室进行批评教

育,老师还责令她写检讨书,小旭颓废极了,放学后怏怏不乐地回了家。

小旭在家写检讨书时,妈妈才知道小旭的所作所为。妈妈批评了女儿在课堂上的作为,小旭说:"我最喜欢这种爱情小说了,这种爱情小说里的爱情故事那么美好,我看后真希望能够早日遇到自己心目中的白马王子。这本书同学也只借给我两天,我才忍不住在课堂上看了起来,以后再不会违反课堂纪律了。"

妈妈翻阅着小旭平时喜欢看的那些小说,然后说:"你这看的都是青春偶像爱情小说,书中所有爱情描写都过于唯美和浪漫,跟现实生活是完全不同的。"

"妈妈,你是说这些小说都是虚构的呀?"小旭有些失落了。

妈妈说:"是呀,现在许多爱情小说和偶像剧为了吸引眼球,往往精心编排各种情节,这类爱情小说是理想化的、完美主义的以及逃避现实的。"

"妈妈,那我再也不看这样的浪漫小说了。"小旭果断地说道。

妈妈对女儿说的悄悄话:

女儿,如果说男性是一种视觉动物,那么女性就是一种感情动物。

从儿童时期开始,女孩就比男孩更喜欢看一些童话故事,小时候,你最爱听的童话是灰姑娘的故事,梦想着有一双水晶鞋,也有一个英俊的王子坐着豪华的马车来到自己面前,童话书中王子与公主的美好结局让你的童年充满了绮丽的梦。进入青春期后,你依然花费大量时间阅读爱情小说,在沉湎爱情故事的同时,也开始幻想美好的爱情，渴望自己像书中的女主角那样邂逅一段可歌可泣的完美爱情。

但是，女孩在看小说的时候，不要把小说中的情境与现实混淆，一些处于青春期懵懂或倾心文艺的女孩对外界上的一切充满幻想，这类爱情小说读多了，女孩心中就会有一个偶像剧里女主角似的爱情神话，在这个神话中，关于爱情的一切都是美好的，很多爱幻想的女孩总让自己沉湎其中，觉得自己会像剧中女主角一样遇到自己喜欢的王子。

这时，如果有你钟情的男人不经意地闯入你的生活中，对方的恭维和赞美，或者适时地哄和宠，将会使你失去鉴别能力，干涸的心灵获得极大的满足，甚至会迫不及待地与"白马王子"共舞，如果对方是个有涵养有道德的人，那么你是幸运的，否则有可能贻误终身。

因此女孩在看这类小说时，应该用欣赏的眼光、艺术的眼光看，注意小说和现实之间的差别，不能轻易地去模仿虚幻小说中的事情。女孩要记住，如果长期沉迷这类爱情小说和偶像剧里，会使自己变得脱离现实，会理想化爱情、理想化男人，当你在现实中去寻找幻想中的爱情时，就会对生活失去信心和兴趣，会不懂得在两性关系中如何保护自己，或者上当受骗。

我身边就有这样一位女学生，因为爱看偶像小说，常对自己未来的爱情想入非非，期间有一次上网吧遇到一男生向她示爱，她认为这位男生就是偶像小说里王子的化身，两人很快陷入爱河。

可是，就在她怀了男友的孩子之后，男友竟无声无息地消失了，无奈，女孩在母亲的陪伴下去医院堕了胎，面对这样的结局，她感觉自己多年向往的理想爱情破灭了，从此她每天以泪洗面，完全没有了年轻女性的青春活力。

这类爱情小说和偶像剧会影响未婚女性的恋爱观和择偶观,当然,我们相信人世间有美好爱情的存在,那种植根于生活之中的、现实的爱情更容易让人幸福。

所以女儿,你在阅读和欣赏这类艺术作品时,一定要理性地看待。还应注意,尽量选择适合你们年龄和特质的图书看,避免接触那些不良的影视作品和书籍,要树立正确的价值观,这样就能少走弯路,避免一些伤害和挫折。

4.

拒绝黄色诱惑

女儿的烦恼:

有一天周末,14岁的晓白上网查资料时,网页里突然冒出俊男美女激吻的画面,她随即点开视频来看,竟然是色情画面,她慌慌张张关闭了页面。可是晚上睡觉时,脑海里始终萦绕着那个激情视频,第二天,忍不住又偷偷点进去,视频里的画面,看得她脸红心跳,那天,她无法安心学习,那些画面在她眼前飘拂着,久久挥之不去。

此后在这种强刺激的画面之下,晓白养成边看情色视频边手淫的习惯。脑子里还经常会幻想着自己也和帅气的男子性交的场景。她想阻止自己的想法,阻止手淫,可是却无法控制住自己的行为。渐渐地,她变得越来越颓废,上课无精打采,注意力不集中,四肢无力,精神恍惚,学习成绩一落千丈。

晓白的颓废引起妈妈的注意,通过跟女儿沟通交流,妈妈才知道女儿在网上看了激情视频，妈妈说："青春期的孩子，对'性'的好奇是正常的，但应该从正确渠道了解性知识，网络中获取的这种'生理'知识都是赤裸裸的色情，因为它们不是对你们进行正常的性教育，而是对青春期孩子刚刚萌发的性欲进行一种不正当的引诱，是歪曲的性知识，这样的视频不能看。"

妈妈特意为女儿买来性知识手册，告诉女儿，要正确科学地了解性知识，不要被色情所引诱。青春期频繁手淫会影响健康。

晓白看了性知识手册后，了解自己和异性的生理发展特点，对生活里的一些现象恍然大悟，也明白了黄色激情视频对自己的危害，面对落后的学业，联想近日自己的所为，她十分后悔。

她果断地删除了黄色网页，拒绝黄毒继续危害自己，经过半年多的调适，她终于又恢复到正常生活了，她对妈妈说："这是生活给我的教训呀，我再也不看网上的激情视频了！"

妈妈对女儿说的悄悄话：

随着青春期的到来，许多青少年会像你一样对自身生理的变化开始探索，对两性充满好奇心，总想通过各种渠道去了解、去探寻。可是目前一些学校性教育还没有开设，许多中学生父母也没有与子女交流过性知识，来自学校和家庭的性教育很不完善，于是你们中学生开始从各种渠道收集知识来满足自己的求知欲，从书报、影视作品中得到的生理知识非常片面，尤其是网络中获取的"生理"知识都是没有经过提炼的，有许多赤裸裸的色情元素，会以强烈的感官刺激误导你们未成年人。

处在青春期的青少年对性知识好奇是正常的，个别同学带着好奇的目光去偷看黄色宣传品，许多原因是对性好奇，而网络中获取的这种"生理"知识不能对孩子进行正常的性教育，是一种歪曲的性知识。

众所周知，黄片上的一些性行为都是非常不正常的性行为，内容往往都伴随暴力、强奸，甚至有违家庭社会伦理的内容，不仅会灌输邪念，搅乱心智，造成青少年性意识的偏差，造成信仰和人格上的缺失，而且还会误导青少年心理和行为的扭曲变态，人们一旦沉迷其中就很难自拔。不仅大大消耗身体，不利于健康，而且极易形成心理障碍或身心疾病，如性病和艾滋病等，导致青少年学业荒废，甚至走向违法犯罪的道路。

因此作为青少年，你千万不要再沉迷于网上的激情视频，不要被歪曲的性知识所诱导，要注意从正确渠道科学地了解自己和异性的生理发展特点，目前含有性教育的读物、影视、录像不少，少男少女们应在老师和家长指导下，根据年龄、发育水平去选择适合的内容，遇到身体变化和发育方面的问题时要多和父母或老师求教，及早寻找到一个科学的答案。千万不要羞羞答答或憋在心里。当你科学地了解性知识后，就会对各种性信息坦然处之，不被黄色网页所引诱。

此外，青少年要树立远大理想，远大的理想和正确的人生观能使自己的注意力从色情方面转移到学习中来。还要注意培养业余爱好，积极参加文体活动，多与外界接触，转移注意力，这样可以使自己多余的精力得到正当的宣泄，在活动中也获得乐趣，还可以满足一定的精神需要。

在生活起居上要注意，要按时就寝和起床，切莫躺在床上胡思乱想，万一有手淫欲念不能控制时，应立即改变环境，以减少单独一人幻想的机会,从而转移自己的注意力,改掉频繁手淫这种不良行为。睡眠时被子不宜过厚、过重,睡时不要俯卧,以减少对性器官的局部刺激;要注意保持性器官的清洁卫生,不随意触弄性器官。注意作息时间的合理安排,积极参加体育锻炼。